Auftakt 3

Get ahead in German

Feiern

Hanns Grimm and Brigitte Pfender

Ernährung und Fitness

Christine Pleines and Catherine Watts

The Open University

centre for **MODERN LANGUAGES**

Hodder & Stoughton

A MEMBER OF THE HODDER HEADLINE GROUP

Writers

Hanns Grimm and Brigitte Pfender are Senior Lecturers in German at Thames Valley University

Christine Pleines is Lecturer in German at The Open University

Catherine Watts is Senior Lecturer at the Language Centre, University of Brighton

Language and German Studies Consultant

Ragnhild Gladwell, Goethe Institut, London

GOETHE
INSTITUT

Open University

Book Co-ordinator, Christine Pleines

Academic Editor, Monica Shelley

Programme Chair, Lore Arthur

Acknowledgements

The course team would like to thank Stephen Hagen, Course Chair 1994–5, who was responsible for the initiation and early development of *Auftakt*, and Eva Kolinsky, Professor of Modern German Studies, Keele University for her support in the development of the course. Our thanks also to Margaret Winck of Tübingen and Christoph Sorger of Leipzig for help and support in the preparation of the audio-visual material and for all the information and contacts which they provided. Thanks, too, to all the people of Tübingen and Leipzig who took part in the filming and recording in this course.

This book forms part of the Open University course L130 *Auftakt*. If you would like more information about the course, or details of how to enrol, please write or call the Course Reservations Centre, PO Box 724, Walton Hall, Milton Keynes, MK7 6ZS. Tel: 01908 653231

A catalogue record for this title is available from the British Library

ISBN 0 340 67331 1

First published 1997
Impression number 10 9 8 7 6 5 4 3 2
Year   2002 2001

Typeset and designed by David La Grange.
Printed in Spain for Hodder & Stoughton Educational, a division of Hodder Headline Plc, 338 Euston Road, London NW1 3BH, and for The Open University by Graphycens

Contents

What is *Auftakt*?

Auftakt is a German course for individual adult learners studying on their own without the support of a classroom teacher, but is also suitable for use in adult education classes. It aims to help you, the learner, develop confidence in speaking, listening, reading and writing German, so that you will be able to communicate effectively and accurately in German. When you have worked through all four books you should have achieved a language level equivalent to just below A level standard.

How much German am I expected to know?

At the beginning of the course it is assumed that you will have an elementary knowledge of German. This means that you should be able to get by when visiting a German-speaking country and understand simple German speech in everyday contexts. You should have achieved the approximate level of GCSE or the equivalent of a rusty O level, either through formal classroom teaching or through regular contact with native speakers of German.

What does *Auftakt* consist of?

Course books

Auftakt consists of four graded books, *Auftakt 1, 2, 3* and *4*. The books are carefully structured to assist the learning process and can either be used separately or studied in sequence. They are divided into two sections, each with a distinct theme (*Thema*), and each *Thema* consists of four parts (*Teile*). The *Themen* are numbered sequentially through the course. The first three *Teile* introduce and practise new topics, language structures and grammar items, while the fourth provides revision and consolidation. Each *Teil* is further divided into three units, with one unit (*Lerneinheit*) representing roughly two hours of study.

Clear introductions, study charts and precise instructions will guide you through each part and activity of the course. In *Auftakt 1* and *2* these instructions are in English, but in *Auftakt 3* and *4* most of them are in German. In addition, there are study tips (*Lerntips*) to help you learn the language more effectively, and cultural background notes (*Wissen Sie das?*).

You will find a *Checkliste* at the end of *Teile 1–3*, which summarises the key learning points. Answers for each activity are provided at the end of the book in the *Lösungen* section. Both the *Lösungen* and *Checkliste* are designed to help you assess your progress through the book or throughout the course.

Audio-visual material

A 30-minute **video** accompanies each book. Filmed in two German towns – Leipzig, an industrial city in the east, and Tübingen, a smaller university town in the south – the video features a wide variety of German people talking about their ways of life, their work, their interests, their hopes for the future. Occasionally, where the language may be slightly difficult, German subtitles have been added. All video sections are clearly numbered for ease of use.

Two **audio cassettes** accompany each book. Cassette One opens with an episode of the drama (*Hörspiel*), which runs throughout the course. This is followed by a documentary feature (*Hörbericht*) linked to the main theme of each *Thema*. Both the drama and feature sections are followed by simple fluency and pronunciation activities and can be used independently of the course book. Cassette Two (*Übungskassette*) consists of numerous speaking and listening exercises, which are closely integrated into the main course-book activities.

Transcript booklets

There is a separate transcript booklet, containing transcripts of both the video and audio cassettes which accompany each book. The language is transcribed as it is actually spoken, that is with hesitations, incomplete utterances, repetitions and, occasionally, incorrect German.

Additional resources

To study *Auftakt* you will need a grammar book and dictionary. The writers of this course have referred to *The Oxford German Grammar* by William Rowlinson (available in paperback and mini-reference form) and the new *Langenscheidt Standard German Dictionary*. Furthermore, you will find the Open University's *The Language Learner's Good Study Guide* full of useful advice on all aspects of language learning.

German spelling

The German federal states agreed to introduce changes in the spelling of some German words from 1 August 1998. The reform, which aims to simplify German spelling, is based on recommendations of a commission set up in 1988 by the Austrian government. The commission consisted of experts from Germany, Belgium, Denmark, Italy, Liechtenstein, Luxembourg, Austria, Romania, Switzerland and Hungary. The new rules are now taught in German schools and from 2005 will be correct usage for all official and educational materials. They have therefore been applied to the *Auftakt* course materials, except in some cases where authentic material in the old spelling has been reproduced.

Viel Spaß und Erfolg beim Deutschlernen!

DÄNEMARK

OSTSEE

NORDSEE

Nordfriesische Inseln

Ostfriesische Inseln

Husum

Kiel

Schleswig-Holstein

Rostock

Lübeck

Norden

Bremerhaven

Hamburg

Mecklenburg-Vorpommern

Bremen

Niedersachsen

Berlin

POLEN

Amsterdam

NIEDERLANDE

Hannover

Salzgitter

Magdeburg

Brandenburg

Nordrhein-Westfalen

Sachsen-Anhalt

Elbe

Duisburg

Dortmund

Essen

BUNDESREPUBLIK DEUTSCHLAND

Leipzig

Sachsen

Düsseldorf

Wuppertal

Köln

Rhein

Erfurt

Dresden

Maastricht

Bonn

BELGIEN

Hessen

Thüringen

Koblenz

Frankfurt

Rheinland-Pfalz

Mainz

Main

Prag

LUXEMBURG

Saarland

TSCHECHISCHE REPUBLIK

Luxemburg

Mosel

Saarbrücken

Mannheim

Nürnberg

Bayern

Regensburg

Stuttgart

Ingolstadt

Nancy

Straßburg

Tübingen

Ulm

Donau

FRANKREICH

Baden-Württemberg

München

Linz

ÖSTERREICH

Freiburg

Schaffhausen

Mülhausen

Salzburg

Basel

Zürich

km

SCHWEIZ

LIECHTENSTEIN

Innsbruck

Bern

Vaduz

0   150

vii

Feiern

Thema 5 looks at German celebrations in a wide variety of settings. You will visit families, communities and whole towns celebrating birthdays, weddings, carnivals and Christmas, as well as looking at twinning links and *Heimatfeste*. Food and drink play a major part in most celebrations and hence in this *Thema*.

Teil 1, *Familienfeste und Einladungen*, concentrates on family events ranging from weddings, birthdays and invitations through to a family funeral. In *Teil 2*, *Regionen und Traditionen*, you will look at community celebrations and, in particular, what happens in southern Germany during January, February or March: *Karneval* or *Fastnacht*. The Ravensburger *Rutenfest* is featured here, plus a discussion of local wines and how they should be tasted. *Teil 3* is called *Allerlei in Leipzig*, after a well-known local dish. It covers a range of festive occasions, from a twin-town week celebrating links with Birmingham to Christmas with a family in Leipzig. *Teil 4*, *Wiederholung*, revisits some of these events for further practice of associated language and vocabulary.

Particular learning points covered in *Thema 5* are offering congratulations and dealing with invitations, expressing sympathy and reminiscing, writing about sequences of events and family relationships and speaking about emotional reactions.

Teil 1

Familienfeste und Einladungen

Most of *Teil 1* is located in Tübingen, where you will see couples getting married at the local registry office and hear how local people from different generations celebrate their birthdays. Thomas invites Bettina to a party in the current episode of the audio drama. *Lerneinheit 1, Hochzeit feiern*, and *Lerneinheit 2, Wir gratulieren*, look at celebrations of different kinds. *Lerneinheit 3, Wir trauern um ...*, covers occasions of public and private mourning.

By the end of *Teil 1*, you will have practised planning a big occasion, using the passive, offering congratulations, dealing with invitations, expressing opinions and writing summaries of people's lives.

Lerneinheit 1 Hochzeit feiern

The first part of *Lerneinheit 1* shows you how civil weddings are conducted at the *Standesamt*, the registry office, in Tübingen. The *Standesbeamtin*, Frau Bitzer, explains what preparations are needed for a civil wedding in Germany. Then you will see two couples being married by a registrar at the *Standesamt* and briefly join one of the couples at their reception.

Lerneinheit 1 contains three topics: *Getting married in Germany*, which gives you some general information, *Two weddings in Tübingen*, and *Planning ahead*, where you will work on making arrangements.

By the end of *Lerneinheit 1*, you should be able to make plans and say who will do what and know how to use the passive.

STUDY CHART

Topic	Activity and resource	Key points
Getting married in Germany	I Text	reading a wedding invitation
	2 Text	reading about getting married in Germany
	3 Text	identifying relevant vocabulary
Two weddings in Tübingen	4–6 Video	watching a video about civil weddings in Germany
Planning ahead	7 Text	drawing up plans for a wedding
	8 *Übungskassette*	practising answering questions using the passive
	9 Text	practising writing the passive
	10 *Übungskassette*	discussing arrangements for a wedding

Here is an invitation to a wedding in Germany.

Lesen Sie die Einladung und ergänzen Sie die Antworten zu den Fragen.

die Trauung (-en) *wedding ceremony*

das Standesamt (¨er) *registry office*

Zu unserer Hochzeit möchten wir euch hiermit herzlich einladen.

Martina & Klaus

Die kirchliche Trauung findet am Samstag, dem 17. Mai um 15 Uhr in der evangelischen Kirche in Großgerau statt. Anschließend möchten wir mit euch zusammen unsere Hochzeit im Restaurant „Da Giovanni" in der Hubertusstraße feiern.

Sagt bitte Bescheid, ob ihr kommt.

Standesamtlich heiraten wir bereits zwei Tage vorher, am Donnerstag, dem 15. Mai um 11 Uhr in Oberursel.

---

1 Wann heiraten Martina und Klaus?

Sie heiraten am _____ _____ auf dem Standesamt und am

_____ _____ in der Kirche.

2 Was machen sie nach der Trauung?

Sie _____ im _____ „_____ _____".

---

2 Now find out more about getting married in Germany.

Bitte lesen Sie den Text und beantworten Sie die Fragen auf Englisch.

Wie heiratet man in Deutschland?

In Deutschland, wie in vielen anderen Ländern, ändern sich die Sitten. Junge Leute, die heiraten wollen, rechnen heute zum Beispiel nicht mehr damit, dass ihre Eltern die Hochzeit bezahlen, obwohl traditionsgemäß die Familie der Braut dafür verantwortlich ist. Meist jedoch einigt man sich im engeren Familienkreis. Auch die Verlobung ist längst nicht mehr üblich, aber manche Paare entscheiden sich auch heute wieder dafür, sich zu verloben. Es findet dann vielleicht eine Feier statt, und Verlobungskarten werden an Verwandte, Freunde und Bekannte geschickt. Wenn man verlobt ist, trägt man einen Trauring an der linken Hand. Nach der Hochzeit wird derselbe Ring an der rechten Hand getragen.

Hochzeiten werden sehr unterschiedlich arrangiert. In manchen ländlichen Gegenden zum Beispiel, gibt es festgelegte, alte Bräuche. Oft ist es üblich, das ganze Dorf zum großen Hochzeitsfest einzuladen. Zu den alten Traditionen gehört auch der Polterabend. Das ist ein großes Fest, das normalerweise am Abend vor der Hochzeit stattfindet. Im Laufe des Abends wird viel altes Geschirr auf den Boden geworfen. Anschließend muss das Brautpaar die Scherben auffegen, denn man will die Ehe mit Neuem beginnen und – laut einem deutschen Sprichwort – Scherben bringen Glück!

Wichtig zu wissen ist weiterhin, dass ordnungsgemäß der Staat und nicht die Kirche für die Eheschließung verantwortlich ist. Das bedeutet in der Praxis, dass man zuerst auf dem Standesamt heiratet, oft im engeren Familienkreis und mit zwei Trauzeugen. Einige Wochen vorher wird das Aufgebot bestellt. Das Standesamt prüft, ob beide Partner volljährig und ledig sind. Wenn eine kirchliche Trauung erwünscht ist, dann findet diese nach der standesamtlichen Eheschließung statt. Der kirchlichen Trauung folgt meist ein großes oder auch kleines Fest mit Essen. Manchmal wird auch später getanzt. Es ist nicht ungewöhnlich, dass Familienmitglieder und Freunde etwas zur Unterhaltung beitragen, das heißt sie lesen selbstgereimte Gedichte vor, singen oder musizieren.

Wer geschieden ist und wieder heiraten möchte, kann sich nach der standesamtlichen Trauung in der evangelischen Kirche trauen lassen, aber nicht in der katholischen.

[handwritten annotations: volljährig – single; poem; geschieden – separated / divorced; üblich – customary; Unterhaltung – conversation / entertainment; beitragen – contribute]

die Sitte (-n) *custom*	**das Geschirr** *crockery*	**die Eheschließung (-en)** *marriage*
sich einigen *to come to an agreement*	**auffegen** *to sweep up*	**der Trauzeuge (-n)** *witness*
die Verlobung (-en) *engagement*	**die Scherbe (-n)** *broken glass or crockery*	**das Aufgebot (-e)** *banns*
der Trauring (-e) *wedding ring*	**ordnungsgemäß** *in accordance with the law*	**sich trauen lassen** *to get married*
der Brauch (¨e) *custom*		

1 How have traditional wedding customs changed?
2 How is the engagement announced traditionally?
3 Why do the bride and groom sweep up broken crockery during the *Polterabend*?
4 Where can divorced people get married?

3 There are many German words related to weddings. This activity will help you to sort out what they all mean. Read the invitation in Activity 1 and the text in Activity 2 again.

Suchen Sie mindestens zehn Wörter und Ausdrücke, die zu dem Thema „Heiraten" passen.

00:00–02:18

Ilona Bitzer ist seit 1992 Standesbeamtin (*registrar*) beim Standesamt Tübingen – ihre erste Stelle seit Beendigung ihrer Ausbildung. Ihre Hobbys sind Jazztanz, Lesen und Reisen.

zuständig sein für *to be responsible for*

die Ehe schließen *to marry, get married*

das Brautpaar (-e) *bride and groom*

anwesend *present*

rechtmäßig *legally*

nicht Pflicht *not compulsory*

Look at the first part of the video concentrating on the sequence in which Ilona Bitzer talks about her job (00:26–1:16). She describes what a couple has to do if they want to get married, either at the registry office or in church.

Schauen Sie sich das Video an und beantworten Sie die Fragen auf Deutsch.

1 Wofür ist Frau Bitzer verantwortlich?
2 Was muss man machen, bevor man heiraten kann?
3 Wer prüft, ob das Paar heiraten darf?   *examine. check*
4 Was müssen die Trauzeugen machen?

5

0:00–02:18

Now look at the first part of the video once more. This time, concentrate on the first wedding ceremony (01:26–01:45). Listen to the standard phrases used by the *Standesbeamtin*, as she asks the couple whether they want to get married and then pronounces them man and wife.

Schauen Sie das Video an und setzen Sie die fehlenden Wörter ein.

Und Bianca Riexinger, ___wollen___ Sie ebenfalls mit dem hier ___anwesenden___ Salvatore Eacovone die Ehe ___schliessen___ ? Dann ___antworten___ Sie bitte ebenfalls mit „ja".

Dann, nachdem Sie jetzt beide die von mir ___gestellte___ Frage hier mit „ja" ___beantwortet___ haben, stelle ich fest, dass Sie jetzt rechtmäßig ___verbundene___ Eheleute sind.

6

02:19–04:04

Now watch the second wedding ceremony and then choose the correct statements below.

Kreuzen Sie die richtigen Sätze an.

1   **a**   Monika and Ivica are not going to get married in church.   ❏
     b   Their church wedding is going to be in the summer in Tübingen.   ❏
     c   Their church wedding is going to take place in Croatia in August.   ☑

2   **a**   They met at the dentist's.   ❏
     b   They met in a café.   ☑
     c   They met in a restaurant where he works as a waiter.   ❏

3   **a**   They both have visitors from Croatia for their civil wedding.   ☑
     b   Only Ivica's parents came for the ceremony.   ❏
     c   None of their relatives managed to come from Croatia for the civil ceremony.   ❏

4   **a**   They are going to their flat to celebrate there.   ☑
     b   They are going to a restaurant.   ❏
     c   They are going to have a meal in a restaurant and then go on to their flat to continue the celebrations.   ☑

feststellen – ascertain
establish

✓

5

7 Getting married involves a lot of planning, particularly if the bride and groom want a big celebration. There are all sorts of things which need to be done, as you will see in the *Hochzeitspläne* list below.

Stellen Sie mit Hilfe der beiden Satzhälften unten eine Aufgabenliste zusammen.

f	**1** zum Standesamt	**a** zusammenstellen
b	**2** das Aufgebot	**b** bestellen
a	**3** die Papiere für's Standesamt	**c** aufstellen
e j	**4** den Hochzeitstermin	**d** bestellen
e	**5** mit dem Pfarrer/der Pfarrerin	**e** sprechen
i	**6** einen Saal in einem guten Restaurant	**f** gehen
h	**7** Hochzeitskarten	**g** buchen
g	**8** die Gästeliste C	**h** drucken lassen
g	**9** die Hochzeitsreise	**i** reservieren
k	**10** die Zeitungsanzeigen	**j** festlegen
b	**11** Blumen	**k** aufgeben

Hochzeitspläne?

Daran müssen Sie denken:

- Festlegung des Hochzeitstermins
- Zusammenstellung der Papiere für's Standesamt
- Reservierung der Kirche
- Besprechung des Gottesdienstes mit dem Pfarrer
- Reservierung eines Restaurants
- Zusammenstellung der Gästeliste
- Buchung der Hochzeitsreise

LERNTIP

Für's Notizbuch

In this *Lerneinheit* you have come across a number of expressions for making plans or arrangements. Here are some of them for your *Notizbuch*:

einen Termin vereinbaren/festlegen/arrangieren/abmachen *to fix an appointment or a date*

etwas erledigen/machen/tun *to settle/sort out/to do something*

Vorbereitungen treffen *to make preparations*   NB

Vereinbarungen treffen *to make arrangements*

anfragen/nachfragen, sich erkundigen *to enquire or to make enquiries*

etwas herausfinden *to find something out*

CONTINUED ||||➤

etwas zusammenstellen/aufstellen *to put something together*

etwas vorhaben *to plan or intend to do something, have something on*

herumtelefonieren *to phone around*

If you want to express a firm intention to do something you can use the future tense with *werden* (*ich werde das bestimmt machen*), particularly if there is no other indication of time (*ich werde das noch erledigen*).

UNDERSTANDING the passive voice

There are two ways of expressing an action in a sentence: either in the active or the passive voice. Look at this example from Activity 2: *„Hochzeiten werden sehr unterschiedlich arrangiert"*. Grammatically speaking, this is a passive construction. The sense is that what is being done is more important than who is doing it.

Here are some examples which demonstrate the difference between active and passive constructions:

Active	Passive
Otto arrangiert alles.	Alles wird von Otto arrangiert.
Maria bestellt die Blumen.	Die Blumen werden von Maria bestellt.
Wir besprechen den Termin.	Der Termin wird von uns besprochen.

— discuss, talk about

To form the passive, you use *werden* and the past participle of the verb. If you want to say who is performing the action, you use *von* plus the dative (*Der Termin wird **von uns** besprochen*).

The passive is used in most tenses in German. In the imperfect tense, for example, *wurde* (the imperfect of *werden*) is used: *sent off*

Die Einladungen wurden gestern verschickt. *The invitations were sent off yesterday.*

Another way of conveying the same idea without using the passive is to use *man* ('you' or 'one' in English) with an active sentence: *„Man stellt die Liste zusammen"* (active) rather than *„Die Liste wird zusammengestellt"* (passive).

 8 Now imagine you work at a hotel in Germany and are involved in the preparations for a wedding. In *Hörabschnitt 1* the bride will ask you questions. Answer her using the passive. The first question and answer have been written out in full.

Hören Sie Hörabschnitt 1 und sprechen Sie in den Pausen.

Sie hören: Können Sie einen Tisch für 40 Personen reservieren?

Sie sagen: Ja, natürlich, ein Tisch für 40 Personen wird reserviert.

9 So who else is involved in the preparations for the wedding?

Verwenden Sie die Stichworte und machen Sie Sätze im Passiv. use

1 Hochzeitstermin festlegen – das Brautpaar

Der Hochzeitstermin wird vom Brautpaar festgelegt.

2 Blumen bestellen – die Schwiegermutter

3 Gästeliste zusammenstellen – die ganze Familie

4 die Ehe schließen – die Standesbeamtin

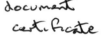

5 die Heiratsurkunde unterschreiben – das Brautpaar und die Trauzeugen

6 Fotos machen – ein Freund

 10 Now imagine you are taking part in a family discussion about wedding arrangements. Your brother Michael has just decided to get married and is anxious to share the jobs involved in planning the wedding.

Notieren Sie, was Sie sagen wollen. Hören Sie dann Hörabschnitt 2 und sprechen Sie in den Pausen.

Michael	Ja, also wer telefoniert herum, um ein gutes Restaurant zu finden, das groß genug für so viele Personen ist?
Sie	*(Hold on, we haven't agreed the date yet!)*
Michael	Ja, der Termin muss zuerst abgesprochen werden, aber trotzdem, kennt jemand hier ein gutes Restaurant?
Sie	*(I'll make enquiries at the office. A colleague of mine got married recently).*
Michael	Prima, es gibt unheimlich viel zu erledigen. Äh, wie ist es mit der Gästeliste?
Sie	*(I'll put that together tomorrow.)*
Vater	Na, und wer organisiert das Drucken der Einladungen?
Sie	*(I can do that – when we've agreed a date.)*
Michael	Wir sollten auch eine Anzeige in der Zeitung aufgeben.
Sie	*(You can do that. I'll order the flowers.)*
Sie	*(And don't forget to invite your great-grandmother.)*
Michael	Das hat Zeit. Zuerst muss das Geld geregelt werden.
Sie	*(That's your problem.)*
Michael	Auch das noch. Da muss ich wohl mal meinen Kontostand überprüfen.

document
certificate

LERNTIP

Für's Notizbuch

When a couple gets married, new family relationships are formed. Here are some of the words you need for both new and existing relationships.

der Enkel (-) *grandson*

die Enkelin (-nen) *granddaughter*

der Neffe (-n) *nephew*

die Nichte (-n) *niece*

die Schwiegermutter (¨) *mother-in-law*

der Schwiegervater (¨) *father-in-law*

die Schwägerin (-nen) *sister-in-law*

der Schwager (¨) *brother-in-law*

die Schwiegertochter (¨) *daughter-in-law*

der Schwiegersohn (¨e) *son-in-law*

der Urenkel (-) *great-grandson*

die Urenkelin (-nen) *great-granddaughter*

Lerneinheit 2 **Wir gratulieren**

In *Lerneinheit 2* you will hear and read about birthdays and other family celebrations. You will also find out more about dealing with invitations. In this episode of the *Hörspiel,* Bettina goes to a party with Thomas and Kai. Sonja turns up as well, with dire results.

The four topics in *Lerneinheit 2* are: *Celebrations, Congratulations, Invitations,* and *Orhan's party.*

By the end of *Lerneinheit 2,* you should be able to congratulate people, and you will have practised how to respond to an invitation by phone and in writing.

Topic	Activity and resource	Key points
Celebrations	1–2 Video	listening to descriptions of birthday celebrations
Congratulations	3 Text	looking at personal adverts in a local paper
	4 Text	writing notes of congratulation
Invitations	5 *Übungskassette*	responding by phone to an invitation
	6 Text	replying in writing to an invitation
Orhan's Party	7 *Hörspiel*	listening to the audio drama episode
	8 *Hörspiel*	checking you've understood the episode of the drama
	9 Text	practising indirect questions
	10 Text	practising the plural of nouns

STUDY CHART

12:27–12:58

Rudolf Dobler ist in Tübingen geboren. Früher war sein größtes Hobby Segelfliegen. Er geht sehr gern wandern.

First of all, watch the last part of the video where Rudolf Dobler talks about celebrating birthdays.

Schauen Sie sich das Video an und ergänzen Sie die Sätze auf Deutsch.

1 Bei den Doblers werden Geburtstage in der Familie … *immer sehr gross gefeiert*
2 Wenn Herr Dobler oder seine Frau Geburtstag haben, dann … *kommen die Neffe usw*
3 Herr Dobler hält es wie … *sein Vater*
4 Beim Geburtstag seines Vaters war die ganze Familie dabei, einschließlich … *including*
5 Rudolf Doblers Vater sagte immer, dass *es jetzt mal wieder schön war* *Kinder, Enkel* *Urenkel*

2

12:59–13:21

Alice Kurz ist Studentin an der Universität Tübingen und möchte Lehrerin für Deutsch, Englisch und Geschichte werden. Sie kommt aus einer Kleinstadt im Schwarzwald. In ihrer Freizeit hört sie Musik oder trifft sich mit Freunden. Sie geht gerne ins Kino und spielt in einer englischen Theatergruppe mit.

Now watch the next person, Alice Kurz, describe her birthday. Her account is quite different.

Schauen Sie sich das Video an und beantworten Sie die Fragen.

1 Wann hat Alice Kurz Geburtstag? *Im Sommer*
2 Wie wird der Geburtstag gefeiert? *Sie machen ein Grillfest im Wald*
3 Wo findet das statt? *Im Wald*
4 Was bringen die Gäste mit? *Fleisch, zB*
5 Was macht sie selbst? *Salate und Brot. Geburtstag Kuchen*
6 Was kauft sie ein? *Getränke*
7 Was bäckt sie vielleicht? *Geburtstag Kuchen*

NB   Kuchen   cake
*   Küche   kitchen*

Outside the big cities, many Germans subscribe only to a regional or local paper. Over breakfast many people turn to the *Lokalteil* (local section) to find out who has died, who is going to get married, and who has had a baby. Private messages and congratulations also have a more prominent position in these papers.

sich freuen über
to be happy about

ankündigen *to announce*

der Schatz (¨e)
treasure, darling

Schneewittchen
Snow White

der Opa *grandad*

(die Oma
grandma)

Wir freuen uns sehr über die Geburt von

Melissa

am Sonntag, dem 18. Februar 1997
Sigrid Groß-Gelbert und
Dr. Stefan Gelbert mit Lars
Kunigundenstraße 20, 53179 Bonn

70 wird der Willi heute, da freuen sich die ganzen Leute,
die Enkel, Kinder und der Rest,
das wird bestimmt ein Riesenfest.
Gesundheit und noch vieles mehr,
das wünschen wir dir alle sehr.

Es gratulieren
Christopher, Mareike
Judith
Ulrike
Thorsten, Volker
Beate, Axel

Guten Morgen, lieber Opa in Büttelborn!
Zum 80. Geburtstag wünschen wir dir alles Liebe und Gute
Christian, Julia, Felicitas, Sven und Marcus

Wir heiraten   *Thomas Kröger*
Petra Weiser
Unsere kirchliche Trauung findet am 30. April 1997 um 13.30 Uhr
in der St.-Bonifatius-Kirche, Mülheim/Ruhr, statt
Unsere Wohnung: Veilchenweg 5, 72764 Reutlingen

Meinem Schatz
Oliver
zur bestandenen Meister-
prüfung alles Gute
Deine Susanne

Hallo
Schneewittchen
Ich liebe dich!
Dein Bärchen

Sabrina hat ein Brüderchen bekommen. Wir freuen uns riesig über

Benjamin

geboren am 31.12.1996
Angelika und Matthias Hilbert, Albrecht-Dürer-Str. 12,
72076 Tübingen

The information from the adverts on page 12 has unfortunately got jumbled up. Unjumble the information to form sentences to describe the event being celebrated.

Schreiben Sie sieben Sätze.

~~Willi~~	in Büttelborn	~~alt werden~~	von Bärchen
Familie Gelbert	~~heute~~	heiraten	Brüderchen
Großvater	in Mülheim	bestehen ~~pass~~	Geburt von Melissa
Thomas und Petra	in Tübingen	ankündigen	in der Kirche
Schneewittchen	aus Bonn	feiern	Meisterprüfung
Oliver		bekommen	~~70 Jahre~~
Sabrina		geliebt werden	80. Geburtstag

Willi wird heute 70 Jahre alt.

CONVEYING congratulations

When you want to congratulate someone you can do it in several ways – as you can see from the advertisements in Activity 3. Sometimes you use a verb, sometimes you don't.

Without a verb
Alles Gute!
Alles Liebe!
Herzlichen Glückwunsch!
Die besten Wünsche!
Herzliche Glückwünsche!
Den herzlichsten Glückwunsch!

With a verb
Other expressions use or add a verb, for example:
jemandem gratulieren
jemandem alles Gute wünschen

If you want to include the reason for the congratulation (*der Geburtstag, die Hochzeit, die Geburt, die bestandene Prüfung*) you introduce it using *zu* (which always takes the dative):
Ich gratuliere dir zum Geburtstag.
Ich wünsche Ihnen alles Gute zur Geburt Ihrer Tochter.

Here are three notes of congratulation to some of the people featured in the adverts in Activity 3.

Lesen Sie die Briefe und füllen Sie die Lücken aus.

> **1** Liebe Familie Gelbert,
>
> den <u>herzlichsten</u> Glückwunsch <u>zur</u> Geburt Ihrer <u>Tochter</u> Melissa. Wir <u>wünschen</u> Ihnen alles <u>Gute</u> und hoffen, dass Sie nicht zu viele schlaflose Nächte haben!
>
> Mit unseren guten Wünschen,
> Ihre Christine Schmidt und Walther Machmann

2 Liebe Frau Kröger, lieber Herr Kröger,

zu ___Ihrer___ Hochzeit gratulieren wir ___Ihnen___ ganz herzlich und wünschen ___Ihnen___ alles Gute auf ___Ihrem___ gemeinsamen Lebensweg.

Familie Elstermann

3 Lieber Willi,

schon wieder ein Jahr vorbei! ___Ich___ gratuliere ___Ihnen~~ dir___ und freue ___mich___ auf das Riesenfest. Grüß ___deine___ ganze Familie sehr.

Bis bald,

dein Curt

 5 Your friend Sabine has sent you an invitation to a barbecue and is ringing to find out whether you can make it.

Hören Sie Hörabschnitt 3 und sprechen Sie in den Pausen.

6 In Activity 5 you had to tell Sabine that you couldn't come to her barbecue because you were going to be away. When you get back you write a note to Sabine. Include the points listed below.

Bitte schreiben Sie.

Liebe Sabine!

- thank her again for the invitation
- say how sorry you are that you couldn't come
- say that you are sure it was a marvellous birthday celebration
- you are inviting a few friends for dinner the Saturday after next
- invite Sabine and say that you hope she will be able to come

Herzliche Grüße,

_____

 7 Now listen to *Folge 5* of the audio drama to hear what happened at Orhan's party.

Hören Sie sich die ganze Folge an und beantworten Sie die Fragen.

Hörspiel, Folge 5

Spitze! *here: great! fantastic!*	**der Geschmack** *taste*
sich beeilen *to hurry*	**einen Schwips haben** *to be tipsy*
schüchtern *shy*	**der Teller (-)** *plate*
vorsichtig *careful*	**der Tintenfisch (-e)** *squid*

1 Warum fahren Thomas und Kai zu Orhan?

2 Wo haben sich Bettina und Orhan kennen gelernt?

3 Warum wird Bettina vorsichtig mit dem Geschirr umgehen?

4 Was gibt es zu essen?

5 Was bekommt Kai zu trinken?

6 Warum wollte Sonja zuerst nicht kommen?

7 Wer hat morgen Geburtstag?

8 Warum gehen Sonja und Bettina nach Hause?

Hörspiel, Folge 5

Now decide which character in the *Hörspiel* asks which question.

Bitte ordnen Sie zu.

1	Bettina fragt Kai,	a	ob er das Essen allein gemacht hat.
2	Thomas möchte wissen,	b	ob er Hunger hat.
3	Bettina fragt Orhan,	c	ob er sich an sie erinnert.
4	Orhan fragt Bettina,	d	warum sie Vegetarierin ist.
5	Kai will wissen,	e	was es zu trinken gibt.
6	Sonja fragt Thomas,	f	was Apfeltee ist.

TURNING direct into indirect questions

Look at these lines from the *Hörspiel*:

Direct question	Indirect question
Orhan: „Warum bist du Vegetarierin?"	Orhan fragt Bettina, warum sie Vegetarierin ist.
Sonja: „Erinnerst du dich an mich?"	Sonja fragt Thomas, ob er sich an sie erinnert.

To turn a direct question into an indirect question, you create a subordinate clause which starts either with the question word (such as *warum?*), or, if there is no question word, with *ob*, meaning 'whether'. The verb in the subordinate clause goes to the end.

Just as in English, pronouns have to be put in the third person when you turn a direct question into an indirect one. In the example above, for instance, Sonja asks Thomas „Erinnerst **du dich** an mich?" In its indirect form, this becomes „… ob **er sich** an sie erinnert."

---

9 In this activity you will practise how to say what someone has asked using *ob*.

Bilden Sie indirekte Fragesätze.

1 Bettina fragt Orhan „Ist das ein vegetarisches Gericht?" *dish*

Was hat Bettina Orhan gefragt?

*Sie hat ihn gefragt, **ob** das ein vegetarisches Gericht **ist**.*

15

2 Bettina fragt Orhan „Ist das schwierig zu kochen?"

Was hat Bettina Orhan gefragt?

Sie hat ihn gefragt, ob …

3 Orhan fragt Thomas „Hast du die Sonja gesehen?"

Was hat Orhan Thomas gefragt?

4 Bettina fragt Kai „Machst du denn etwas Besonderes?"

Was hat Bettina Kai gefragt?

5 Bettina fragt Kai auch „Kommen viele Freunde zu Besuch?"

Was hat Bettina Kai auch gefragt?

6 Orhan fragt Bettina „Schmeckt es dir?"

Was hat Orhan Bettina gefragt?

7 Kai fragt Bettina „Kommst du zu meinem Geburtstag?"

Was hat Kai Bettina gefragt?

USING plurals

Putting nouns into the plural in German is not completely straightforward. You may have come across different forms of the plural without knowing exactly why they behave as they do. It is probably best to learn them as you meet them. After a while you will get a feel for which plural is correct.

Most nouns do, however, fall into eight main categories of plural ending:

(-)   no ending in the plural (**der Teller, die Teller**)

(⸚)   no ending but takes an umlaut (**der Vater, die Väter**)

(-er)   adds -er (**das Kleid, die Kleider**)

(⸚er)   adds -er and an umlaut (**das Standesamt, die Standesämter**)

(-e)   adds an -e (**das Geschenk, die Geschenke**)

(⸚e)   adds an -e and an umlaut (**der Sohn, die Söhne**)

(The majority of masculine nouns form their plural with either -e or ⸚e.)

(-en) (-n) adds -en (**die Frau, die Frauen**) or just -n (**die Feier, die Feiern**)

(Over 90% of feminine nouns form their plural with -n or -en.)

(-s)   adds an -s (**das Hotel, die Hotels; das Baby, die Babys**)

(The -s plural is common with words of foreign origin.)

There are, of course, some nouns such as *das Geschirr* which are not used in the plural.

Consult your dictionary when you need to check a plural you are not certain about.

10 Here are some nouns which you heard in the *Hörspiel*.

Ergänzen Sie die Listen entweder mit dem Singular oder mit dem Plural des Wortes.

Singular	Plural
die Minute ✓	die Minuten
die Straßenbahn	die Straszenbahnen
die Universität	die Universitäten ✓
das der Ding	die Dinge
die Einladung	die Einladungen ✓
die Woche ✓	die Wochen
die Galerie	die Galerien ✓
das Jahr	die Jahre ✓
der Hunger	-
das Fleisch	die Fleische NO PLURAL
der Fisch ✓	die Fische
das Weinblatt ✓	die Weinblätter
der Geburtstag	die Geburtstage
die Mutter	die Mütter ✓
das der Fest	die Feste

Difficult. Reasonably well done

24.05

Lerneinheit 3 **Wir trauern um ...**

Not all important events are a cause for merriment. Some occasions are sombre and are a time for reflection.

In *Lerneinheit 3* you will read about funerals in Germany in general, and one in particular. You will read about the deaths of two Germans: one extremely well-known – Willy Brandt, the former Chancellor – and one who was known and respected within his own local community.

There are three topics in *Lerneinheit 3*: *Funerals in Germany, Honouring Willy Brandt,* and *'Das Eisenbahngleichnis'*, in which you will read the poem of this name by Erich Kästner.

By the end of *Lerneinheit 3*, you should be familiar with the language used to express sympathy, with ways of expressing opinions about others and you will have practised writing a summary of somebody's life.

Topic	Activity and resource	Key points
Funerals in Germany	1 Text	reading about funerals in Germany
	2 Text	making passive sentences active
	3 Text	reading two obituaries
	4 Text	reading about a funeral wake
	5 Text	identifying expressions of sympathy
Honouring Willy Brandt	6 Text	reading opinions about Willy Brandt
	7 Text	identifying descriptions of people's good qualities
	8 Text	writing a summary of Willy Brandt's life
'Das Eisenbahngleichnis'	9 Text	reading a poem by Erich Kästner

STUDY CHART

Customs and traditions to do with death and funerals vary a great deal among different localities, families and generations. Nevertheless, there are still a few features which are particularly German.

Lesen Sie den Text und beantworten Sie die Fragen auf Deutsch.

> **die Genossen-schaft (-en)** *association*
>
> **der Briefumschlag (¨e)** *envelope*
>
> **die Beerdigung (-en)/die Beisetzung (-en)** *funeral, burial*

event incident

Wie andere Familienereignisse werden auch Todesfälle in den deutschen Zeitungen bekannt gegeben. Oft kann man mehrere Anzeigen über die gleiche Person sehen. Die Anzeigen werden nicht nur von der engeren Familie sondern auch von Vereinen, Arbeitgebern oder beruflichen Genossenschaften aufgegeben: Es kommt darauf an, wie aktiv der oder die Verstorbene gesellschaftlich oder beruflich war.

Es ist auch üblich, dass die engere Familie Todesanzeigen per *Post an Verwandte, Freunde und Bekannte verschickt. Die Karten werden mit schwarzumrahmten Briefumschlägen verschickt. In manchen ländlichen Gegenden wird noch längere Zeit nach der Beerdigung oder Beisetzung schwarze Kleidung getragen. Aber auch hier ändern sich die Sitten.

1 Was wird in den Zeitungen bekannt gegeben?
2 Von wem werden Todesfälle in den Zeitungen bekannt gegeben?   *Did verbally OK*
3 Was ist heutzutage noch üblich?
4 Wo wird noch Schwarz getragen?

You frequently find the passive used in texts like that in Activity 1, although it could equally well have been written in the active form.

Bitte schreiben Sie die Passiv-Sätze in Aktiv-Sätze um.

1 Familienereignisse werden von der engeren Familie in den Zeitungen bekannt gegeben.   *die engere Familie gibt .. bekannt*
2 Anzeigen werden auch von Arbeitgebern in die Zeitung gesetzt.   *Die Arbeit .. setzen Anzeigen*
3 Die Termine werden von der Familie festgelegt.   *Die Familie legt die Termine fest*
4 Auch heute noch wird schwarze Kleidung von der älteren Generation getragen.   *die ältere Generation trägt schwarze Kleidung*
5 Die Blumen werden heute von der Sekretärin bestellt.   *Die Sek. bestellt heute die Blumen*
6 Die Anzeige wird von der Direktion besprochen.   *Die Direktion bespricht die Anzeige*

Overleaf are two typical obituary announcements from a local paper about the death of Paul Grimm. One was placed by his immediate family and the other by his former employer.

Lesen Sie beide Anzeigen. Dann ergänzen Sie den Lückentext mit einigen der Vokabeln (von der Liste auf Seite 21).

die Trauermesse (-n) *funeral mass*

die Trauerfeier (-n) *funeral*

der Friedhof (¨e) *cemetery*

der/die Angehörige (-n) *family member, here: employee*

der Ruhestand *retirement*

das Gedenken *remembrance*

Nach kurzer Krankheit vollendete sich das erfüllte Leben meines lieben Mannes in seinem 88. Lebensjahr.

Paul Grimm

Ing. grad.

RAVENSBURG, Reichlestraße 13, Owingen, London

In stiller Trauer:
Else Grimm
Gerhard Grimm
Irene Grimm, geb. Denzel
Hanns Grimm
Marion Grimm, geb. Shaw
für alle Verwandten

Die Trauermesse findet am Montag, dem 21. Dezember 1992, um 8.00 Uhr in der Liebfrauenkirche Ravensburg statt, die Trauerfeier um 11.00 Uhr auf dem Hauptfriedhof in Ravensburg.

NACHRUF

In großer Trauer nehmen die Angehörigen des Amtes für Wasserwirtschaft und Bodenschutz Ravensburg Abschied von ihrem ehemaligen Mitarbeiter

Herrn **Paul Grimm**

Er war bis zu seinem Eintritt in den verdienten Ruhestand im September 1969 ein zuverlässiger und hilfsbereiter Arbeitskollege, dem wir immer ein ehrendes Gedenken bewahren werden.

Ravensburg, im Dezember 1992

Amtsleitung und Personalrat des Amtes für Wasserwirtschaft und Bodenschutz Ravensburg

keep! protect

Paul Grimm ist im ___Alter___ von 88 Jahren ___gestorben___. Die Trauermesse hat am 21. Dezember 1992 um 8 Uhr in der Liebfrauenkirche Ravensburg ___stattgefunden___. Der Trauermesse ___folgte___ drei ___Stunden___ später die ___Trauerfeier___. Paul Grimm hatte, bis er ___pensioniert___ wurde, für das Amt für Wasserwirtschaft und Bodenschutz in Ravensburg ___gearbeitet___. Er wurde als zuverlässiger und hilfsbereiter ___Kollege___ ___geschätzt___.

reliable

Krankheit • kurz • gestorben • Alter • erfüllt • stattgefunden • pensioniert • war • folgte • Tage • Stunden • Trauerfeier • Trauermesse • Ruhestand • Gedenken • wird • wurde • Person • gearbeitet • Kollege • geschätzt

4 Paul Grimm did not want his funeral to be an entirely sad occasion. Here is the menu for his *Leichenschmaus* (the dinner following the funeral). In most families coffee and cakes or snacks are served after a funeral rather than an elaborate meal.

Lesen Sie, was es zum Leichenschmaus von Paul Grimm zu essen gab. Schauen Sie die Wörter, die Sie nicht kennen, im Wörterbuch nach.

Waldhorn Ravensburg

Albert Bouley

**Leichenschmaus
Herr Paul Grimm
22.8.1904 – 17.12.1992**

Montag, den 21. Dezember 1992

Amuse Gueule Maison

Aperitif

Herbstliche Blattsalate

1990 Uhlbacher Steingruber
Riesling trocken

Flädlesuppe mit Schnittlauch

Maispoulardenbrust "Florentine" mit
Spinatfüllung
hausgemachte Nudeln

1991 Meersburger Weißherbst
Spätburgunder trocken

Cappuccino-Mohrenkopf mit
Beeren-Melange

Kaffee

5

Liebe Familie Grimm,

zum Tode Ihres Vaters und Schwiegervaters
sprechen wir Ihnen unser tiefes Mitempfinden
sympathise with
und herzliches Beileid aus.
condolences

consolation
Wir wünschen Ihnen besonders in diesen Tagen *comfort*
Gottes Beistand und seinen Trost.

Ihre Familie Müller

Sehr geehrte Frau Grimm,

Zum Heimgang Ihres lieben Mannes, den wir sehr
schätzten, erlauben wir uns, Ihnen unsere aufrichtige
Teilnahme zu bekunden. *show, express*   *sincere*

permit
attend
participation

In stillem Gedenken

Ihre Familie Meier

Here are two letters of condolence (*Kondolenzbriefe*) sent to Herr Grimm's family.
Can you pick out the typical phrases which express sympathy?

Lesen Sie und schreiben Sie.

1 Wir erlauben uns …
2 In stillem …
3 Wir sprechen …
4 Wir wünschen Ihnen …

LERNTIP

Für's Notizbuch

Expressing sympathy

Here are some more ways of expressing sympathy for your *Notizbuch*:

Es tut mir sehr Leid.

Ich denke an Sie/dich/euch.

Wir sind in Gedanken bei Ihnen/dir/euch.

Wir nehmen Anteil an …

Wir möchten unser Mitleid/Beileid aussprechen/ausdrücken.

You should note that the German word *Sympathie* cannot be used in this context, since it has a different meaning – it refers to liking someone.

WISSEN SIE DAS?

Willy Brandt (1913–1992) who spent the years of Nazi rule in exile in Norway, became the first Social Democrat Chancellor in the Federal Republic of Germany in 1969. His name is closely associated with *Ostpolitik*, the policy of reconciliation with Poland and the former Soviet Union and closer links with what was then the German Democratic Republic, in the 1970s in particular.

This policy improved relations between the West and the East. Brandt's visit to the Warsaw Ghetto, where he knelt spontaneously in front of monuments to the dead, remains an enduring image of his humility to many people. He was awarded the Nobel Peace Prize in 1971. His death in 1992 was keenly felt by many people. Here are a few newspaper headlines from the time, which show something of how people felt.

Willy wird uns fehlen

Brandt starb am 8. Oktober

Berlin trauert um Willy Brandt

Der bekannteste deutsche Politiker in Polen

6

In these interviews from a newspaper article three people say what they think about Willy Brandt, the former German Chancellor, following his death in 1992.

Lesen Sie die Interviews und schreiben Sie die deutsche Übersetzung neben die englischen Sätze.

Carola von Wendland (24), Studentin: „Er war schon ein großer Mann. Meine Mutter ist in der SPD, und da hab' ich schon als Kind viel mitbekommen: von der Ost-Politik zum Beispiel. Mich hat auch seine ruhige und schöne Art beeindruckt, mit der er Probleme anging."

3
6
8

Klaus Schmidt (56), Kaufmann: „Für mich hat er sehr viel für die Wiedervereinigung getan hat – noch vor Kohl. Und auch dafür, daß die SPD eine demokratische Partei ist. Wir könnten ihn jetzt brauchen – bei der Vergangenheit, die aufgearbeitet werden muß."

2

Eugenie Langenmaier (86), Rentnerin: „Er war ein sehr aufrichtiger Sozialdemokrat. Er hat nie angegeben, wie das heute so ist. Willi Brandt hat mehr eingesteckt als ausgeteilt. Wir bräuchten mehr solche Männer. Er war nicht verlogen. In Bonn könnten sie von ihm lernen."

7
1

SPD (Sozialdemokratische Partei Deutschlands) *Social Democratic Party*

mitbekommen *here: to hear*

ruhig *calm*

die Art *manner*

die Probleme angehen *here: to tackle problems*

Kohl *refers to then Bundeskanzler Helmut Kohl*

die Vergangenheit *past*

aufrichtig *honest*

angeben *to show off*

einstecken *here: to take, put up with*

austeilen *here: to hand out*

verlogen *dishonest*

---

1 We need more men like him.
2 In my view he has done a lot for reunification.
3 He certainly was a great man.
4 We could do with him today.
5 He was never boastful.
6 My mother is a member of the Social Democrats.
7 He was an upright Social Democrat.
8 I was impressed by his calm manner.

7

People often give a number of different reasons for admiring someone. Paul Grimm was considered by his former employers to have been reliable and helpful (*zuverlässig und hilfsbereit*). What did Carola von Wendland, Klaus Schmidt and Eugenie Langenmeier say about Willy Brandt?

Lesen Sie die Interviews noch einmal und schreiben Sie Ausdrücke auf, die den Charakter von Willy Brandt beschreiben. Es gibt sieben. Hier ist ein Beispiel.

1 Willy Brandt war ein großer Mann.

LERNTIP

In *Lerneinheit I* you will have noticed some nouns with the suffix *-ung*, which are formed from verbs. The suffixes *-keit* and *-heit* are used to form nouns from adjectives which express abstract qualities. Words with these suffixes are always feminine.

zuverlässig → **Zuverlässigkeit** *reliability*

aufrichtig → **Aufrichtigkeit** *honesty*

verlogen → **Verlogenheit** *dishonesty, falseness*

bitter → **Bitterkeit** *bitterness*

klug → **Klugheit** *cleverness*

---

8   Here are a few key dates from Willy Brandt's life to give you a bit more information about him.

Schreiben Sie mit Hilfe der Informationen in dieser Lerneinheit eine Zusammenfassung von 150 Wörtern über das Leben von Willy Brandt.

> **die Machter-greifung**
> *seizure of power*

1913	geboren am 18. Dezember in Lübeck
1929	in die SPD eingetreten
1933	emigrierte nach Norwegen zur Zeit der Machtergreifung Hitlers
1947	kam nach Deutschland zurück
1957	wurde Bürgermeister von Berlin
1969	wurde zum Bundeskanzler gewählt
1971	erhielt den Friedensnobelpreis
1974	trat als Kanzler zurück
1992	starb am 8. Oktober

9   Here is the first verse of a poem by Erich Kästner (1899–1974).

Zum Schluss lesen Sie dieses Gedicht von Erich Kästner. Wenn möglich lesen Sie es laut.

Das Eisenbahngleichnis (1932)

> **das Gleichnis (-se)** *parable*
>
> **quer** *right through, all the way through*

Wir sitzen alle im gleichen Zug

und reisen quer durch die Zeit.

Wir sehen hinaus. Wir sahen genug.

Wir fahren alle im gleichen Zug.

Und keiner weiß, wie weit.

Checkliste

By the end of *Teil I* you should be able to

○ use language to do with planning and making arrangements (*Lerneinheit 1*, Activities 7–10)

Seiten 6–8

○ understand and use the passive (*Lerneinheit 1*, Activities 8–9; *Lerneinheit 3*, Activity 2)

Seiten 7–8; 19

○ congratulate people on different occasions (*Lerneinheit 2*, Activity 4)

Seite 13

○ issue, accept or decline an invitation (*Lerneinheit 2*, Activities 5–6)

Seite 14

○ turn direct questions into indirect questions (*Lerneinheit 2*, Activity 9)

Seite 15

○ use different plural forms (*Lerneinheit 2*, Activity 10)

Seite 17

○ express sympathy (*Lerneinheit 3*, Activity 5)

Seite 22

○ talk about people's achievements (*Lerneinheit 3*, Activities 6–7)

Seite 24

25.05

Regionen und Traditionen

Local festivities have long been a tradition of German towns and villages. The time when ancient customs really come into their own is at *Karneval* or *Fasching*. *Teil 2* aims to explain why people still cling to their age-old traditions, and shows you what they like (and dislike) about carnival time and the part played by wine drinking in such celebrations. There are three *Lerneinheiten: Fastnacht, Kenner trinken Württemberger* and *Eine Stadt feiert: Das Ravensburger Rutenfest*.

By the end of *Teil 2*, you will have had practice in expressing your opinions and giving reasons for them. You should be able to make comparisons and describe sequences of events and use *können* and *wissen* correctly. You will have practised using prepositions with countries and towns and using indirect questions to report back.

Lerneinheit 4 Fastnacht

During January and February, many Germans behave in a very strange way: they dress up, join parades in peculiar costumes, dance in the streets, turn up for work with hangovers, make fun of authority figures and do a great many other things one would not normally expect. The reason for all this anarchy is *Karneval*, as it is called in the Rheinland region; in Bayern the name is *Fasching* and in southwest Germany *Fastnacht*.

There are three topics in *Lerneinheit 4*: *Karneval and its customs, Fasnet in Rottweil* and *Aschermittwoch*. By the end of *Lerneinheit 4*, you will have had practice in reading and listening to accounts of archaic traditions, giving opinions and reasons, and using the passive imperfect.

Topic	Activity and resource	Key points
Karneval and its customs	1 **Text**	reading what people think about carnivals
	2 *Übungskassette*	giving your opinion about carnivals
	3 **Text**	understanding an interview about *Fastnacht* customs
	4 *Übungskassette*	listening to young witches
Fasnet in Rottweil	5 **Text**	reading a newspaper article
Aschermittwoch	6 **Text**	using the passive imperfect
	7 **Text**	writing a letter about *Fastnacht*

STUDY CHART

WISSEN SIE DAS?

Karneval, *Fasching* or *Fastnacht* are traditionally celebrated in Catholic regions, but since the Second World War carnivals have also been introduced in more Protestant areas. Carnival time marks the time when people let their hair down before it is time to repent again on Ash Wednesday (*Aschermittwoch*).

Karneval and *Fasching* start officially at 11 minutes past 11 o'clock on the 11th day of the 11th month (*am 11.11. um 11.11 Uhr*), *elf* being the *närrische Zahl*, or fool's number. Not much happens then until after Epiphany on 6 January. This is also the date of the start of the more traditional *Fastnacht* in southwestern Germany. Carnival ends at midnight of the night before the *Fastenzeit* (Lent) starts, on *Aschermittwoch*.

Driving out the evil spirits of winter is the pagan origin of *Fastnacht*. In the traditional Catholic centres the *Narrenzünfte*, the fools' guilds, ensure that the proper rituals are observed and that the guilds' special characters with carved wooden masks and costumes are presented in keeping with the old rules.

In the Rheinland region *Karneval* is a centuries-old tradition with Roman origins. After numerous *Karnevalssitzungen*, where people listen to *Büttenreden* – satirical speeches making fun of everything and everybody – the carnival season culminates in the *Rosenmontagszug*, a parade with giant floats.

Fasching in Bavaria is largely an indoor event: a seemingly endless string of fancy dress balls ranging from the suburban allotment holders' *Kostümfest* in a local pub to a *Maskenball*, the social event of the season.

1   Although *Fastnacht* and *Karneval* are enjoyed by many people, not everybody wants to join in. There are quite a few *Fastnachtsmuffel*, people who aren't interested or even leave the country to get away from all the uproar. Here are a range of reactions to the idea of the carnival season.

Lesen Sie die Aussagen 1–7 und dann die Zitate a–g. Welches Zitat stammt von welcher Person?

**der Umzug
(¨e)** *here:
parade,
procession*

blöd(e) *stupid,
daft*

witzig *funny*

sich verkleiden
*to wear fancy
dress*

der Krebbel (-)
*dialect for
Krapfen –
doughnut*

der Rummel
racket, fuss

vorbei sein *to be
over*

**das ganze
Theater** *whole
rigmarole*

1 Bei uns ist am Rosenmontag der große Karnevalsumzug mit Besuchern aus ganz Deutschland. Unser Sportverein macht jedes Jahr einen Wagen – für mich und die Kinder ist das immer ein großes Ereignis. (Dieter S., Köln)

2 Fastnacht – ohne mich. Zu dem Thema kann ich nichts sagen – ich hasse die Fastnacht. (Astrid K., Marburg)

3 In meiner Familie sehen wir jedes Jahr die Mainzer Karnevalssitzungen im *meetings* Fernsehen an. Vieles ist recht blöde, aber die Büttenreden sind manchmal ganz witzig. Aber Maskenbälle und so weiter – das ist nichts für mich. (Gudrun P., München)

4 Der Fasching fängt bei uns so richtig im Januar oder Februar an. Ich gehe jedes Jahr auf zwei oder drei Faschingsfeten, natürlich verkleidet, das macht Spaß – ist einfach mal was anderes, und am Faschingsdienstag gehen wir auch verkleidet zur Arbeit – da werden dann Krebbel gegessen und Sekt getrunken … (Claudia M., Aschaffenburg)

5 Ich fahre zur Karnevalszeit immer nach Teneriffa; da sind die Temperaturen auch im Februar/März in Ordnung und der Karneval dort gefällt mir besser. Der Rummel hier im Rheinland geht mir auf die Nerven. (Werner Z., Rüdesheim)

6 Fasnet, das ist für mich das wichtigste Ereignis im ganzen Jahr. Ich bin richtig deprimiert, wenn sie vorbei ist und kann es dann kaum erwarten, bis es wieder losgeht. (Franz W., Rottweil)

7 Ich bin froh, wenn am Aschermittwoch das ganze Theater endlich wieder vorbei ist. (Inge S., Tübingen)

a Ich verkleide mich gerne. *Claudia M.*

b Der Rosenmontag ist für mich und die Kinder sehr wichtig.

c Der rheinische Karneval nervt mich. Ich fahre immer weg.

d Ich freue mich, wenn die Fastnacht vorbei ist.

e Die Büttenreden sind manchmal ganz lustig.

f Ich kann die Fastnacht nicht ausstehen.

g Der Höhepunkt des Jahres ist für mich die Fasnet.

 2 Now take part in two interviews about *Fastnacht*.

Hören Sie Hörabschnitt 4 und sprechen Sie in den Pausen.

3 Herr Klingner is a member of the male voice choir in the village of Jettenburg near Tübingen. Here is an extract from an interview with him about *Fastnacht* in his area.

Lesen Sie das Interview und beantworten Sie die Fragen.

Herr Klingner   Das Charakteristische hier für diese Region ist die Fastnacht, das ist die alemannische Fastnacht, noch eine alte traditionelle Fastnacht, die ist anders als der Karneval. Es ist noch ein Fest, wo der Winter vertrieben wird, und der Frühling wird geholt. Und diese Fastnacht ist noch sehr traditionell, es gibt sehr strenge Gebräuche, und die Tänze und Vorführungen sind ganz

vertreiben *to drive away*

Gebräuche *(pl) customs*

die Vorführung (-en) *display*

die Veranstaltung (-en) *event*

die Umgebung *region, local area*

sehenswert. Wenn man hier nach Südwestdeutschland kommt, sollte man sich zur Fastnachtszeit solche Veranstaltungen anschauen.

Interviewer *Ist es denn anders in anderen Städten in der Umgebung?*

Herr Klingner In Südwestdeutschland ist es einmal wichtig, dass diese Fastnacht speziell in katholischen Regionen ist, in protestantischen nicht, und jede Stadt hat ihre eigene Tradition und ihre eigenen Gebräuche, das ist sehr interessant.

		RICHTIG	FALSCH
1	Die alemannische Fastnacht ist charakteristisch für Südwestdeutschland.	☐	☐
2	Der Kölner Karneval und die alemannische Fastnacht haben dieselbe Tradition.	☐	☐
3	Mit der Fastnacht wird das Ende des Winters gefeiert.	☐	☐
4	Die traditionelle Fastnacht folgt strengen Regeln.	☐	☐
5	Fastnacht findet man vor allem in protestantischen Regionen.	☐	☐
6	Die Gebräuche sind in allen Städten der Region gleich.	☐	☐

Fastnacht is an important event for people living in places where old traditions still survive. You soon realise this when you suddenly meet two witches riding their broomsticks, who offer you strange potions as a cure for your bad temper. The two young witches who are being interviewed in *Hörabschnitt 5* talk about the symbolic significance of *Fastnacht*, the rules of dress that must be adhered to and how much they enjoy the tradition.

Hören Sie das Interview mit den zwei Hexen und beantworten Sie die Fragen auf Englisch.

1 Why are these two young women dressed up as witches?
2 What do people do during *Fastnacht*?
3 How old is the tradition of *Fastnacht*?
4 Is it the first time the young women have dressed up?
5 What is the *Häs* and what does it consist of?

WISSEN SIE DAS?

The best known and most traditional *Fastnacht* can be found in Rottweil, an old city of Roman origin with evidence of settlements going back to 2000 BC. Rottweil is an hour's drive southwest of Tübingen. The *Fasnet*, as the people from Rottweil call it, is not only the central event of the year but also an essential focus in people's lives.

Fasnet has evolved over the centuries with the earliest records dating back to the 15th century. The rituals practised today follow very strict rules. The key event is the *Narrensprung* at 8 o'clock in the morning on *Fasnetsmontag*, when more than 3,000 *Narren* (fools, jesters), wearing their ancient wooden masks and costumes enter the town through the *Schwarze Tor* (town gate dating from 1230). They *jucken* (a ceremonial movement) through the town to the music of the *Narrenmarsch* and the sound of the bells which are part of their costumes.

Rules on what the costumes should be like are very strictly defined. They have to be checked and approved by the *Narrenzunft*, the guild. They are often cherished family heirlooms and are passed down from one generation to another, thus ensuring that families continue to be involved.

Later in the day, the *Narren* tour the pubs and inns, making fun of their fellow citizens by reciting (*aufsagen*) tales of their misdeeds and mishaps recorded in their *Narrenbuch*.

Der Rottweiler Narrensprung

In this newspaper article you will read about people who come a long way to attend the *Narrensprung*. Where do they come from?

Lesen Sie den Text und kreuzen Sie an.

SZ-Umfrage bei auswärtigen Besuchern und Touristen – Viele kommen von weit her nach Rottweil

Narrensprung-Besucher sogar aus Neuguinea
Touristen schätzen traditionsbewusste Fasnet

ROTTWEIL (an) – Besucher aus aller Welt kamen auch in diesem Jahr wieder zu den Rottweiler Narrensprüngen. Die SZ hat sich unter den Touristen umgehört und nachgefragt, was sie an der Rottweiler Fasnet fasziniert.

Firmenkunden aus Neuguinea führte der Leiter eines Pforzheimer Unternehmens nach Rottweil. Er ist der Meinung, dass man „die Rottweiler Fasnet einfach mal gesehen haben muss".

Wilhelm und Christel Feldmann aus Karlsruhe haben sich den Narrensprung zuletzt vor 15 Jahren schon einmal angesehen. Das Aufsagen aus dem Narrenbuch schätzen die beiden besonders.

Marget Breitung aus Sindelfingen ist ausschließlich zum Narrensprung nach Rottweil gekommen. „Ich habe den Sprung noch nie gesehen und möchte ihn einfach einmal erleben", sagt sie.

Reinhold Schätzle aus Ludwigsburg, schaut dem Narrensprung etwa alle fünf Jahre zu. Ihn fasziniert ebenfalls das Traditionsbewusstsein der Rottweiler.

Einen Hannoveraner, der früher in Rottweil gelebt hat, zieht es an der Fasnet wieder ins Städtle zurück. „Mich reizt das Traditionsgut, das seit langer Zeit aufrechterhalten wird." Er mag ihre närrische Spontanität, weil sie „einfach aus Freude" entsteht.

Bruno Schlenker bewundert die „ursprüngliche Straßenfasnet" und kommt deshalb jedes Jahr nach Rottweil. „Mich fasziniert dieses Brauchtum und die Idee, dass jeder dabei mitmachen kann."

---

auswärtige Besucher (*pl*) *visitors (who do not live in the town)*

schätzen *to appreciate*

das Traditionsbewusstsein *sense of tradition*

bewundern *to admire*

das Brauchtum *custom, tradition*

mitmachen *to join in*

Laut dem Zeitungsartikel, kommen die Besucher des Narrensprungs

1 aus Neuguinea? ❑

2 aus Kanada? ❑

3 aus Karlsruhe? ❑

4 aus Sindelfingen? ❑

5 aus Köln? ❑

6 aus Ludwigsburg? ❑

7 aus Hannover? ❑

8 aus München? ❑

SAYING where someone comes from

To describe where someone comes from, you can usually add -(e)r to the place name:

Rottweiler/in *someone from Rottweil (also a breed of dog!)*

Karlsruher/in *someone from Karlsruhe*

CONTINUED ‖‖➡

In some cases, *-en* at the end of a place name is dropped and replaced by *-er*:
Tübinger/in *someone from Tübingen*

There are also some exceptions to this rule, for example:
Münchner/in *someone from München*
Hannoveraner/in *someone from Hannover*

6

Ash Wednesday marks the end of the carnival season and the beginning of the season of repentance and fasting before Easter. It has its own traditions. The laying of ashes on people's heads symbolises their transitory state on earth. In some areas, people wash their purses to show they have spent all they had.

Lesen Sie den Zeitungsartikel und ordnen Sie die Satzhälften zu.

die Schnecke (-n) *snail*

einen Schlussstrich ziehen *to end*

zu Grabe tragen *to bury*

die Fastenzeit *Lent*

Am Aschermittwoch ist alles vorbei

Stuttgart – Wie jedes Jahr wurde auch am gestrigen Aschermittwoch bei Geldbeutelwäsche, Herings- und Schneckenessen ein Schlussstrich unter die Fasnet gezogen. In vielen Orten wurden Fasnets-Puppen symbolisch verbrannt oder in feierlicher Zeremonie zu Grabe getragen. Während die Überlebenden der tollen Tage zu starkem Kaffee und einem doppelten Aspirin griffen, signalisierten Gottesdienste und Aschenkreuze den Beginn der 40 Tage dauernden Fastenzeit vor Ostern.

e 1 Geldbeutel   a wurden abgehalten.

d 2 Schnecken und Heringe   b wurden verbrannt oder begraben.

b 3 Fastnachts-Puppen   c wurde getrunken.

c 4 Viel starker Kaffee   d wurden gegessen.

a 5 Gottesdienste   e wurden gewaschen.

7

Imagine you have attended the *Rottweiler Fasnet* and are writing to your friends in Hamburg.

referto, mention

Schreiben Sie einen Brief an Ihre Freunde in Hamburg. Erwähnen Sie die folgenden Punkte.

der Zweck (-e) *purpose, aim*

frauenfeindlich *sexist, anti-women*

abstauben (sep) *to dust*

das erinnert mich an *that reminds me of*

- they're probably surprised to get a letter from you from Rottweil
- you were invited to Rottweil to enjoy their carnival; this is called *Fasnet* and is very different from carnival in Cologne
- *Fasnet* is a big event for all the people in Rottweil
- many people wear fancy dress and the *Narren* wear really interesting costumes
- most people there were from Rottweil, but you also met some people from Munich and Hanover and some visitors from New Zealand

33

- you found some traditions rather sexist, e.g. until recently women weren't allowed to take part in the *Narrensprung* and before the start of *Fasnet* men go round the houses to dust the costumes and the women too (!)
- on Tuesday night effigies were burnt (that reminded you of Guy Fawkes), and on Ash Wednesday services were held in the Catholic churches
- do the people in Hamburg do anything at carnival time?
- best wishes to the whole family (also the nieces and nephews!)

Lerneinheit 5 Kenner trinken Württemberger

In *Lerneinheit 4* you found out something about how *Fastnacht* is celebrated in the area around Tübingen. In *Lerneinheit 5* you will learn more about what people might drink during the festivities. If you visit any of the *Weinstuben* and *Wirtschaften* in Tübingen and ask for the house wine, it is usually a *Württemberger*. Schwaben love their *Viertele* (a quarter of a litre), and more often than not this is a *Roter*. Württemberg is particularly proud of the red wines which are produced there and *Württemberger Wein* is an essential part of any celebration.

Lerneinheit 5 contains three topics: *Wine growing in Germany*, *Württemberger wine* and *Ruth, wine queen*, where you move north to the Mosel area. By the end of *Lerneinheit 5*, you should have increased your knowledge of the wine produced in the area near Tübingen and you will have practised making comparisons.

STUDY CHART

Topic	Activity and resource	Key points
Wine growing in Germany	1 Text	understanding the vocabulary needed to talk about wine
	2 Text	completing a quiz about wine growing
Württemberger wine	3 Text	learning about wine growing in Württemberg
	4 *Übungskassette*	describing how to taste wine
	5 Text	practising using *während*
Ruth, wine queen	6 *Übungskassette*	listening to a *Weinkönigin*
	7 Text	writing a summary of Ruth's year as wine queen
	8 Text	using *kennen* and *wissen* correctly

1 This activity will help you to check your knowledge of vocabulary to do with wine growing. This will prepare you for the reading and listening tasks in the following activities.

Bitte ordnen Sie den deutschen Wörtern die englische Übersetzung zu.

1	die Weinprobe	**a**	wine-growing area
2	der Winzer	**b**	grape variety
3	das Anbaugebiet/das Wein(an)baugebiet	**c**	wine grower
4	die Rebsorte	**d**	vineyard
5	das Weingut	**e**	wine queen
6	die Winzergenossenschaft/ die Weingärtnergenossenschaft	**f**	wine tasting
7	der Kellermeister	**g**	wine growers' cooperative
8	die Weinkönigin	**h**	cellar master

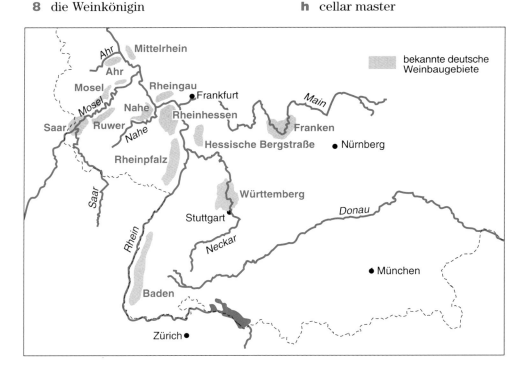

2 This quiz will test your knowledge of wine growing in Germany.

Kreuzen Sie jeweils die richtige Antwort an.

1 **a** In Deutschland wird Weißwein angebaut, aber kein Rotwein. ❏

  b In Deutschland wird mehr Weißwein als Rotwein angebaut. ☑

  c In Deutschland wird genauso viel Rotwein wie Weißwein angebaut. ❏

2 Die am meisten angebaute Rebsorte ist

  a der Müller-Thurgau. ❏

  b der Riesling. ❏

  c der Silvaner. ❏

3 Die unterste Qualitätsstufe ist

    a die Spätlese. ❏

    b der Qualitätswein. ❏

    c der Tafelwein. ❏

4 Die Deutschen trinken pro Jahr

    a mehr Wein als die Engländer, aber weniger als die Franzosen. ❏

    b genauso viel Wein wie die Engländer. ❏

    c viel mehr Wein als die Engländer und etwas mehr als die Franzosen. ❏

5 Weinanbau in Deutschland erfolgt hauptsächlich

    a im Terrassenbau an Hängen (Weinberge). ❏

    b im Flachland. ❏

    c an Pergolas in Weingärten. ❏

Trollinger

Er ist eine echte Württemberger Spezialität und die am meisten ange-baute Rotweinsorte.
Die Trollingerweine sind in der Farbe hellrubin bis granatrot, im Bukett fruchtig und frisch und im Charakter anregend, saftig, herzhaft und kernig.

Müller-Thurgau

Er ist die im Bundesgebiet am weitesten verbreitete Rebsorte. In Württemberg nimmt er etwa 10% der Ertragsflächen ein.
Die Weine sind frühreif, zart und duftig.

3 One wine-growing area you might not be very familiar with is the area around Tübingen – Württemberg. Here is an extract from an interview with Herr Weitmann, the chairman of the board of the *Württembergische Weingärtner Zentralgenossenschaft* in Möglingen near Stuttgart. He will tell you what's special about wines from Württemberg.

Lesen Sie das Interview und beantworten Sie die Fragen.

Interviewer   Wir sind in der Württembergischen Weingärtner Zentralgenossenschaft in Möglingen. Herr Weitmann, Kenner trinken Württemberger, sagt man. Kennt man Württemberg überhaupt als Weinland?

Herr Weitmann   *Selbstverständlich kennt man Württemberg als Weinland, aber zunächst einmal nur in Deutschland und weniger im Ausland. Das liegt daran, dass Württemberg eines der kleineren Anbaugebiete ist.*

Interviewer	Was ist besonders charakteristisch für den Württemberger?
Herr Weitmann	*Charakteristisch für den Württemberger Weinbau ist der hohe Anteil an Rotweinen. Es gibt kein anderes deutsches Anbaugebiet, das einen so hohen Anteil von Rotwein hat wie Württemberg. Während in anderen Anbaugebieten vor allem Weißweine produziert werden, liegen bei uns die Rotweine bei etwas über 50 Prozent, und wir haben Rebsorten, die es woanders nicht gibt, zum Beispiel den Trollinger.*

1 Wer trinkt Württemberger?

2 Wo ist Württemberger Wein nicht so gut bekannt?

3 Was gibt es in Württemberg besonders viel?

4 Was ist der Trollinger?

Now listen to a wine-tasting session at a Württemberg vineyard in *Hörabschnitt 6*. *Kellermeister* Götz describes the process.

Hören Sie Hörabschnitt 6 und schreiben Sie eine kurze Zusammenfassung. Was macht man bei einer Weinprobe? Verwenden Sie diese Stichwörter. Vorsicht! Sie sind nicht in der richtigen Reihenfolge.

- den Wein probieren oder „beißen"
- den Wein riechen
- den Wein betrachten und auf die Farbe achten
- den Wein mit allen Sinnen aufnehmen

Zuerst …

Dann …

Danach …

Schließlich …

anbauen – to grow
Genossenschaft – co-operative

MAKING comparisons

You can use *sowohl… als auch …* to point out similarities:

Sowohl am Rhein als auch an der Mosel wird Wein angebaut.

You can use *während* to contrast two statements, placing it either at the beginning or in the middle of the new sentence:

Während an Rhein und Mosel hauptsächlich Weißweine angebaut werden, ist Baden-Württemberg auch für seine Rotweine bekannt.

An Rhein und Mosel werden hauptsächlich Weißweine angebaut, während Baden-Württemberg auch für seine Rotweine bekannt ist.

Note the position of the verb when you use *während*.

CONTINUED ‖‖➡

You can use *mehr als* and *weniger als* to say 'more than' or 'less than':

In Frankreich wird mehr Wein produziert (und getrunken) als in Deutschland.

In England wird weniger Wein produziert (und getrunken) als in Deutschland.

You can use *genauso viel … wie* to say 'just as much as':

In Württemberg wird genauso viel Rotwein wie Weißwein angebaut.

Now use your knowledge of German wines to pair the statements below using *während*. First look at the example provided.

Wählen Sie jeweils eine Aussage von jeder Liste und machen Sie Sätze mit „während".

z.B. Heute wird Wein vor allem an sonnigen Hängen in warmen Flusstälern angebaut. Im Mittelalter war der Weinanbau sehr viel weiter verbreitet.

Heute wird Wein vor allem an sonnigen Hängen in warmen Flusstälern angebaut, **während** im Mittelalter der Weinanbau sehr viel weiter verbreitet war.

I Im Rheingau gibt es vor allem Weißwein.

2 Rhein und Mosel sind auch im Ausland bekannte Weinanbaugebiete.

3 Der Müller-Thurgau wird in vielen Gebieten angebaut.

4 Im modernen Weinbau können die Arbeitskräfte fast das ganze Jahr beschäftigt werden.

a Früher war die Arbeit auf dem Weingut saisonabhängig.

b Den Trollinger gibt es nur in Württemberg.

c Württemberg ist hauptsächlich in Deutschland bekannt.

d In Württemberg und an der Ahr wird auch viel Rotwein angebaut.

Ruth Blees Luxemburg is the daughter of a wine grower in the Mosel area who was chosen as wine queen of her village when she was 17. In *Hörabschnitt 7* she talks about what she learned and what she had to do during her year as *Weinkönigin*.

Was macht eine Weinkönigin? Was muss sie lernen? Hören Sie Hörabschnitt 7 und machen Sie Notizen auf Deutsch.

Eine Weinkönigen kann/muss …

I represent the village das Dorf repräsentieren

2 present the wines nationally and internationally

3 travel to wine fairs and wine festivals

4 meet many people, politicians and mayors, for example

5 build up her self-confidence

6 give public speeches

7 improve her knowledge of wines

7 *Schreiben Sie jetzt eine Zusammenfassung über Ruths Jahr als Weinkönigin. Verwenden Sie die Stichwörter von Übung 6 und diese Ausdrücke:*

- Sie hatte die Möglichkeit, zu …
- Ihre Aufgabe war es, zu …
- Sie konnte …

Ruth Blees Luxemburg

USING *kennen* and *wissen*

Kenner trinken Württemberger.

Kennt man Württemberg als Weinland?

Kennen means 'to know from experience'. You would use it, for example, to say you know a person or a place or a feeling. The different forms include *ich kenne, ich kannte, ich habe gekannt*.

Eine Weinkönigin muss viel über Wein wissen.

Wissen means 'to know facts'. You use it to say you know something about something or someone, or to say that you know that something is the case. The different forms include *ich weiß, ich wusste, ich habe gewusst*.

---

8 Here are some sentences about wine growing which all include the verb 'to know'.

Bitte übersetzen Sie.

1 I don't know Württemberg very well.

2 I don't know much about wine from Württemberg.

3 I know Riesling and Müller-Thurgau, but I don't know Trollinger.

4 Do you know whether English grape varieties are the same as German grape varieties?

5 How did you get to know *Kellermeister* Götz?

6 Did you know that German wine is grown on slopes, whereas in many other countries wine is grown on flat land?

Lerneinheit 6 Eine Stadt feiert: Das Ravensburger Rutenfest

Heimatfeste play an important role all over Germany, from small villages to big cities. Celebrating together gives people a sense of identity and belonging. The origins of some of these festivals can be traced back over many centuries.

In *Lerneinheit 6* you will visit Ravensburg, a medium-sized town south of Tübingen and just north of the Bodensee (Lake Constance). You will find out how the town celebrates its annual *Rutenfest*, when people who have grown up in Ravensburg return there from all over the world.

Lerneinheit 6 has three topics: *Ravensburg and the Rutenfest, Coming home* and *Talking about old times*. By the end of *Lerneinheit 6*, you should be familiar with the language needed to reminisce about the past and will have practised using prepositions with places and destinations.

STUDY CHART

Topic	Activity and resource	Key points
Ravensburg and the *Rutenfest*	1 Text	reading an invitation to the *Rutenfest*
	2 Text	reading about Ravensburg
Coming home	3 Text	practising using prepositions with countries and towns
Talking about old times	4 *Übungskassette*	listening to people reminiscing
	5 Text	practising using verbs with prepositions
	6 Text	practising *sich freuen auf* or *sich darauf freuen*
	7 Text	providing questions
	8 *Übungskassette*	practising using the language of reminiscence
	9 Text	practising indirect questions

Early each year, invitations to the *Rutenfest* are sent out to *alte Ravensburger* – people who have grown up in Ravensburg and have since moved away.

Lesen Sie die Einladung und beantworten Sie dann die Fragen.

Rutenfest

im Altschützenjahr
Herzlich willkommen in Ravensburg
21.-25. Juli 1995

die Fülle *large number*

die Veranstaltung (-en) *event*

ausgiebig Gelegenheit haben zu … *to have plenty of opportunity to …*

der Altbürger (-) *person born in a town*

der Neubürger (-) *new inhabitant*

Einladung zum Rutenfest 1995

Liebe Gäste unseres Rutenfestes,
liebe Ravensburger Bürgerinnen und Bürger,

herzlich willkommen im Altschützenjahr 1995, das wir dieses Jahr vom 21. bis 25. Juli feiern. Eine Fülle von Veranstaltungen wartet auf Sie, über die Einzelheiten informiert Sie der bebilderte Faltprospekt.

Durch die in den letzten Jahren fachkundig und liebevoll erfolgte Neugestaltung vieler Straßen, Plätze und Gebäude ist nicht nur unsere Stadt sehr viel lebens- und liebenswerter geworden, auch das diesjährige und die kommenden Rutenfeste profitieren nachhaltig davon.

Sie alle, die während der Rutenfesttage am Veranstaltungsgeschehen teilnehmen, werden wieder ausgiebig Gelegenheit haben, im gemeinsamen Gespräch liebgewordene Erinnerungen auszutauschen, neue Freundschaften zu schließen, zusammen zu feiern und fröhlich zu sein. Allemal verbindet das traditionsreiche Rutenfest gleichermaßen Alte und Junge, Altbürger und Neubürger und die Gäste aus unseren Partnerstädten miteinander.

Wir freuen uns auf Ihren Besuch und heißen Sie alle herzlich willkommen; erleben Sie unvergeßliche Rutenfesttage 1995.

Hermann Vogler

Oberbürgermeister
und Schirmherr
des Ravensburger Rutenfestes

Albrecht Krauss

Erster Vorsitzender
der Rutenfestkommission
Ravensburg e.V.

---

1 When does the *Rutenfest* take place?
2 What can visitors expect?
3 What will the visitors be able to do?
4 Who will come together during the *Rutenfest*?

Here Herr Vogler, the *Oberbürgermeister* of Ravensburg, introduces his town. Read what he says about the history and the economy of Ravensburg and about the *Rutenfest*.

Lesen Sie, was Oberbürgermeister Vogler über seine Stadt erzählt und ordnen Sie dann die Satzhälften einander zu.

„Ravensburg ist eine alte freie Reichsstadt. Sie ist etwa tausend Jahre alt und reich geworden durch den Handel mit Papier und Textilien in alle Welt.

Mit dem 30jährigen Krieg[1] kam für die Bodenseeregion das Ende ihrer zentraleuropäischen Bedeutung. Ravensburg und die Bodenseeregion sind über 300 Jahre lang in ein geschichtliches Abseits gerückt.

Wenn man heute nach Ravensburg kommt, sieht man einen vollkommen erhaltenen historischen Stadtkern mitten in dieser barocken Landschaft. Der Grund dafür ist, dass die Stadt 300 Jahre arm war und die Leute kein Geld hatten.

Heute lebt Ravensburg mit seinen Nachbarstädten unter anderem auch von der Automobilindustrie. Beispielsweise stammt eine Automatikstraße von Ford in England aus Ravensburg. Ravensburg ist aber auch bekannt durch seine Spiele. Dienstleistungen und Landwirtschaft spielen ebenfalls eine Rolle. Das Besondere unserer Stadt ist, dass wir einen guten Mix aller Branchen haben.

Zweifellos ist das Rutenfest im Jahr der Höhepunkt für Ravensburg. Es beseitigt soziale Grenzen, die ansonsten gelten. Beim Rutenfest sind alle gleich. Jeder Schüler – beispielsweise – kann Schützenkönig werden. Und Schützenkönig in Ravensburg ist ungefähr das Höchste, das liegt noch weit über dem Oberbürgermeister.

Das ist das Besondere an dem Fest. Es ist einmal ein Fest der Kinder und der Schülerinnen und der Schüler. Und auf der anderen Seite ist es so, dass alle Generationen beim Rutenfest dabei sind. Es ist niemand ausgeschlossen.

Die alten Ravensburger aus der ganzen Welt kommen zum Rutenfest zurück. In diesem Jahr waren's natürlich besonders viele. Ich weiß von Besuch aus North Carolina, ich weiß von Besuch aus Kolumbien. Aber wir wollen aus dem Rutenfest keine touristische Großveranstaltung machen, es soll ein Heimatfest bleiben."

[1] The Thirty Years' War (1618–1648) caused widespread destruction all over Germany and irrevocably changed the map of Europe. It was in fact a series of wars triggered by several nations for various reasons: religious, dynastic, territorial and commercial.

---

in ein geschichtliches Abseits rücken *to be bypassed by history*	**die Automatikstraße (-n)** *automated assembly line*	**soziale Grenzen beseitigen** *to remove social barriers*
der Stadtkern blieb erhalten *the (historic) town centre remained intact*	**die Dienstleistung (-en)** *service industry*	**der Schützenkönig (-e)** *winner of the shooting competition*

---

1 Ravensburg ist eine alte freie Reichsstadt,

2 Nach dem 30jährigen Krieg ist die Stadt

3 Der alte Stadtkern blieb erhalten,

4 Ravensburg lebt von der Autoindustrie und dem Ravensburger Spiele-Verlag,

5 Der Höhepunkt im Leben der Stadt

6 Beim Rutenfest sind alle gleich,

a aber auch der Dienstleistungssektor und die Landwirtschaft sind von Bedeutung.

b die durch den Handel mit Papier und Textilien reich geworden ist.

c ist das Rutenfest.

d weil die Leute kein Geld hatten.

e in ein geschichtliches Abseits gerückt.

f und es gibt keine sozialen Grenzen.

For many Ravensburger the *Rutenfest* is the highlight of the year. It originates from the time when teachers and their pupils went into the wood to collect birch rods (*Ruten*), which were used for caning. Despite its rather unhappy origins, *das Rutenfest* is always a happy celebration! It is an honour for a school pupil to be a drummer (*ein Trommler*), and the greatest honour of all is to become *Schützenkönig*. Every five years a special competition is organised for former participants, *das Altenschießen*.

REVISING prepositions of place

Ravensburger have moved away from their home town and live all over the world. Some of the places where they have settled were mentioned by Herr Vogler but there are many more. Activity 3 will help you to revise prepositions of place. You will be giving answers to the questions listed below.

Wo sind die Ravensburger hingezogen? *Where did they move to?*
To say what the destination is you use either the preposition *nach* for towns, continents and most countries (*nach München, nach Frankreich*) or the preposition *in* followed by the accusative – because you are expressing movement – for countries that take an article (*in die Schweiz, in die USA*).

Wo leben sie jetzt? *Where do they live now?*
Here you need to use *in* followed by the dative – because no movement is involved (*in Düsseldorf, in der Schweiz*).

Woher kommen sie? *Where do they come from?*
The preposition here is *aus* followed by the dative (*aus North Carolina, aus den USA*).

---

3 *Setzen Sie in den folgenden Sätzen die richtigen Präpositionen und Artikel ein.*

I Ravensburger sind _____ _____ ganze Welt gezogen.

2 Ravensburger leben _____ _____ USA, also _____ Amerika.

3 Ravensburger leben _____ London.

4 Ravensburger sind _____ Australien ausgewandert.

5 Ravensburger leben _____ _____ Schweiz.

6 Ravensburger kommen _____ _____ Niederlanden, also

_____ Holland.

7 Ravensburger sind _____ Südamerika ausgewandert.

8 Ravensburger sind _____ London gezogen.

9 Ravensburger sind _____ _____ Niederlande, also

_____ Holland gezogen.

10 Ravensburger sind _____ _____ Schweiz gezogen.

4 When old friends meet again at the _Rutenfest_, there are many things they enjoy talking about.

Herr Nirk und Herr Buder sprechen darüber, was das Rutenfest für sie bedeutet.
Hören Sie Hörabschnitt 8 und ergänzen Sie diese Sätze.

> **Streiche machen/ spielen** _to play tricks on someone_

1 Die Heimat und die Schulzeit sind …
2 Man redet vorwiegend über … und …
3 Man stellt die üblichen Fragen: …
4 In der Jugendzeit hat man miteinander Streiche gemacht, man hat fröhliche Erlebnisse gehabt, und …

5 Here are some sentences which all have something to do with the _Rutenfest_ and what it means to people.

Setzen Sie die fehlenden Präpositionen ein.

1 Der Oberbürgermeister schreibt in seiner Einladung zum Rutenfest, dass er sich

_____ die vielen Gäste freut.

2 Eine Fülle von Veranstaltungen wartet _____ die Besucher.

3 Jung und alt nehmen _____ den Veranstaltungen des Rutenfestes teil.

4 Auf dem Rutenfest trifft man alte Bekannte und redet _____ die alten Zeiten.

5 Man erinnert sich _____ die Schulzeit und _____ die alten Lehrer.

USING verbs with prepositions

Many verbs always take a preposition:

sich freuen auf (+*acc*) *to look forward to*

sich freuen über (+*acc*) *to be happy about*

sich interessieren für (+*acc*) *to be interested in*

reden/sprechen über (+*acc*) *to talk about*

teilnehmen an (+*dat*) *to participate in*

sich erinnern an (+*acc*) *to remember*

Wo plus preposition

You will remember that if you want to ask a question which involves a preposition, such as 'What are they interested in?' or 'What are people talking about?', you form a special question word using *wo* + the preposition that goes with the verb:

Wofür interessieren Sie sich? (wo + für)

If the preposition starts with a vowel, you add an -*r*- in the middle.

Worüber reden die Leute? (wo + r + über)

Da plus preposition

You can use a word formed from *da(r)* + a preposition to replace a noun when, for example, you want to say 'I am looking forward to it' rather than 'I am looking forward to the *Rutenfest.*' This is also used when the preposition is followed by a clause rather than a noun.

Ich freue mich darauf. (da + r + auf) instead of **Ich freue mich auf das Rutenfest.**

Sie reden darüber, was das Rutenfest für sie bedeutet. (da + r + über)

These rules do not apply when the object following the preposition is a person.

ich freue mich auf ihn

Für wen interessieren sie sich?

The construction and use of the words *darauf*, *darüber* and so on are not always easy to grasp, but you will see and hear them a lot and should be able to understand them when they occur in context. With practice you will soon be able to use them yourself when you are writing or speaking. This activity practises the expression *ich freue mich darauf* … . Imagine you are an old Ravensburger returning to your home town to visit the *Rutenfest.*

Worauf freuen Sie sich? Schreiben Sie, bitte.

1 meine Freunde wiedersehen

   Ich freue mich darauf, meine Freunde wiederzusehen.

2 wieder in der Heimat sein

3 alte Bekannte wiedertreffen

4 Erinnerungen austauschen

5 das Rutenfest miterleben

6 am Altenschießen teilnehmen

7 im Bärengarten sitzen

7

Schreiben Sie jetzt die Fragen zu den Antworten.

1 Worauf freut sich Herr Vogler? Herr Vogler freut sich auf die Besucher.

2 Herr Diemer freut sich auf ein Bier im Bärengarten.

3 Herr Nirk erinnert sich an die guten alten Zeiten.

4 Herr Buder nimmt am Altenschießen teil.

5 Herr Nirk und seine Freunde reden über ihre Lehrer.

6 Herr Buder freut sich darüber, seine Freunde wiederzusehen.

7 Ravensburg ist durch den Handel mit Papier und Textilien reich geworden.

LERNTIP

Für's Notizbuch

Here are some expressions you might hear when people are reminiscing about the good old days:

erinnerst du dich? *do you remember?*

erinnerst du dich noch an …? *do you still remember …?*

denkst du noch manchmal an …? *do you sometimes still think of …?*

weißt du noch? *do you remember?*

damals … *in the old days …*

8

Imagine you are at the *Rutenfest* and you bump into a very old friend whom you know from a school exchange many years ago.

Hören Sie Hörabschnitt 9 und sprechen Sie in den Pausen.

---

das gibt's doch nicht *I can't believe it*   **meine zweite Heimat** *my second home*

der Schüleraustausch *school exchange*

---

9 Now you are reporting back to your partner what your old friend Franz asked you while you were having a chat in the Bärengarten.

Schreiben Sie indirekte Fragesätze. Beginnen Sie immer mit „Er hat mich gefragt, …"

1 Wo lebst du?

Er hat mich gefragt, wo ich lebe.

2 Wann warst du das letzte Mal in Ravensburg?

3 Wie viele Kinder hast du?

4 Was machen deine Kinder?

5 Wen hast du seit dem letzten Mal getroffen?

6 Wie geht es deiner Frau?

7 Wo bist du überall gewesen?

Checkliste

By the end of *Teil 2* you should be able to

○ give an opinion about carnivals (*Lerneinheit 4*, Activities 1–2)

Seiten 28–29

○ use the passive imperfect (*Lerneinheit 4*, Activity 6)

Seite 33

○ describe a sequence of events (*Lerneinheit 5*, Activity 4)

Seite 37

○ point out differences using *während* (*Lerneinheit 5*, Activity 5)

Seite 38

○ use *kennen* and *wissen* correctly (*Lerneinheit 5*, Activity 8)

Seite 39

○ use prepositions of place with the correct article (*Lerneinheit 6*, Activity 3)

Seite 43

○ use a wider range of verbs with prepositions (*Lerneinheit 6*, Activities 5–7)

Seiten 44–46

○ understand and use language of reminiscence (*Lerneinheit 6*, Activity 8)

Seite 46

○ use indirect questions to report back what someone has said (*Lerneinheit 6*, Activity 9)

Seite 46

Teil 3

Allerlei in Leipzig

Different aspects of life in Leipzig are highlighted in *Teil 3*. The 'Birmingham Week' in Leipzig provided opportunities for people of all ages and backgrounds to celebrate. The local brewery, Brauerei Bauer, features in the *Hörbericht* for *Thema 5*. The *Weihnachtsmarkt*, which you can see in the video, is another important event in Leipzig's year. The three *Lerneinheiten* are: *Städtepartnerschaft: Leipzig–Birmingham, Brauerei Bauer* and *Weihnachtszeit*.

By the end of *Teil 3*, you should be better able to specify the detail and sequence of events, interpret very simple conversations and write letters of thanks, use the passive and *man* to convey the same meaning, make comparisons using statistics and describe emotional reactions.

Lerneinheit 7 Städtepartnerschaft: Leipzig–Birmingham

In *Lerneinheit 7* Leipzig meets Birmingham. You will find out how the two cities celebrated their twinning with a 'Birmingham Week' in Leipzig.

The three topics are *Events of the week, Mutual benefits* and *Exchange partners*. The work in *Lerneinheit 7* covers specifying times, dates and places for events, developing skills useful for twin-town activities such as simple interpreting, writing thank-you letters and making comparisons.

STUDY CHART

Topic	Activity and resource	Key points
Events of the week	1 **Text**	reading about the week's programme
	2 *Übungskassette*	saying dates, times and places
Mutual benefits	3 **Text**	reading an article about the twinning scheme
	4 **Text**	translating useful expressions
	5 **Text**	writing a summary of an article
Exchange partners	6 *Übungskassette*	interpreting a conversation
	7 **Text**	making comparisons between Birmingham and Leipzig
	8 **Text**	writing a thank-you note

Although there are some earlier examples, town-twinning really took off after the end of the Second World War, initially between French and German towns. The twinning idea soon spread throughout Europe, and today most German towns have partners in France, Great Britain, the Netherlands and Belgium, and sometimes Italy and Spain.

The idea of twinning towns is 'to lay the foundations of an ever closer union amongst the peoples of Europe', as the Treaty of Rome puts it, by creating opportunites for representatives of the two communities and ordinary people to visit each other's towns and experience their partners' way of life.

The article *Die "Brummys" kommen nach Leipzig* provides information about events taking place during the week of celebrations in Leipzig. The dates and starting times of events have already been entered in the diary overleaf.

Lesen Sie den Artikel und schreiben Sie die Namen der Veranstaltungen und der Veranstaltungsorte in die Tabelle.

der Veranstaltungsort (-e)
venue

(sich) vorstellen
to introduce (oneself)

die Pleiße *river flowing through Leipzig*

das Wort haben
to speak

die Märchenerzählerin (-nen) *female storyteller*

die Bereicherung (-en)
enrichment

Rechnung tragen *to take into account*

der Auftritt (-e)
performance

abendländische Variante (-n)
(Western) European version

Die „Brummys"
kommen nach Leipzig

In den kommenden Tagen stellt sich die zweitgrößte Stadt des Königreiches Großbritannien an der Pleiße vor. Birminghams Woche in Leipzig beginnt am Sonnabend mit Straßenfest und Fotoschau in der City und wird am Sonntag mit dem Konzert des City of Birmingham Symphony Orchestra im Gewandhaus fortgesetzt.

Am Montagabend hat im British Council Edward Lowbury das Wort. Der Arzt und Lyriker, 1913 geboren, beschreibt in „Birmingham! Birmingham!" die Gesichter seiner Stadt. Eine ganz andere Form von Literatur stellt Vayu Naidu bereits am Vormittag in der Stadtbibliothek vor: Sie ist Märchenerzählerin – und zugleich vertritt sie die nicht-europäische Kultur der Millionenstadt. Denn rund 25 Prozent der Einwohner Birminghams sind Ausländer[1], zehnmal so viel wie in Leipzig. Und weil die Brummys, wie die Einwohner Birminghams genannt werden, auf diese kulturelle Bereicherung stolz sind, trägt das Programm dem Rechnung. Etwa mit dem Auftritt des afrokaribischen Tanztheaters „Kokuma", das am Mittwoch seine Mischung aus Trommel und Tanz, aus Poesie und Erotik im Schauspielhaus zeigt. Ebenfalls Traditionen aus Afrika und der Karibik verbinden die „Black Voices", Großbritanniens führende Gospelgruppe, am Dienstag in der Thomaskirche. Die abendländische Variante des Gesangs wird unterdessen vom „Ex Cathedra Chamber Choir" gepflegt – am Donnerstag im Alten Rathaus, gemeinsam mit dem Ex Cathedra Baroque Orchestra. Beide Gesangsensembles werden am Freitag gemeinsam das Abschlusskonzert in der Nikolaikirche gestalten.

[1]The information given in this article is slightly misleading. While *Ausländer* in Leipzig are foreign citizens, who do not hold German passports, the ethnic minorities in Birmingham are not usually 'foreigners' – many of them were born in Britain and most of them hold British passports.

	Zeit	Veranstaltung	Veranstaltungsort
Sonnabend, 7. Mai	16.00 Uhr		
Sonntag, 8. Mai	18.00 Uhr		
Montag, 9. Mai	11.00 Uhr 19.30 Uhr		
Dienstag, 10. Mai	19.30 Uhr		
Mittwoch, 11. Mai	19.30 Uhr		
Donnerstag, 12. Mai	19.30 Uhr		
Freitag, 13. Mai	19.30 Uhr		

 2
Use *Hörabschnitt 10* to practise giving the date, time and/or place of an event using the information in the diary in Activity 1. You will need to use the appropriate prepositions (date: *am*, time: *um*, place: *in*). All these prepositions take the dative here.

Bitte sprechen Sie!

3
The twinning arrangements between Leipzig and Birmingham are not confined to organising a Birmingham Week in Leipzig. Ongoing exchanges and contacts, between young people for example, are much more important. In the next few activities you will be working on a newspaper article about this: '*Einmal Birmingham hin und zurück*'.

Lesen Sie zuerst die Sätze 1–5 und dann den Zeitungsartikel. In welcher Reihenfolge werden die Informationen im Artikel gegeben?

1 In Birmingham wurden für die Leipziger Jugendlichen verschiedene Ausflüge organisiert, aber die Gruppe hat auch mitgeholfen, einen Raum in einem Behindertenheim zu renovieren.

2 Die Leipziger Gruppe, die nach Birmingham gefahren ist, wurde vom Leiter des Jugendclubs und von einer Frau vom Jugendamt begleitet.

3 Junge Leute aus Leipzig und Birmingham haben durch die Aktion „Jugend für Europa" miteinander Kontakt aufgenommen.

4 In Leipzig haben die Besucher aus Birmingham Kultur- und Sportveranstaltungen besucht und Besichtigungen gemacht und auch Räume im Jugendklubhaus renoviert.

5 Die Reise nach Birmingham wurde zum Teil vom Jugendamt finanziert und zum Teil von den Jugendlichen selbst bezahlt.

teilweise – sometimes, partly

Einmal Birmingham hin und zurück

prove

DASS Städtepartnerschaft nicht nur eine Angelegenheit auf „oberer Ebene" sein muss, bewiesen junge Leute aus Leipzig und aus Birmingham. Wie leben denn die Jugendlichen in beiden Städten, die im sozialen Gefüge nicht unbedingt zur „upper class" gehören, in Ausbildung sind, teilweise arbeitslos – einfach auf der Suche nach einem Platz in diesem Leben. Im Rahmen der Aktion „Jugend für Europa" kam es zu ersten Kontakten. 1993 besuchte eine Gruppe Jugendlicher aus Birmingham unsere Stadt. Neben Kultur, Besichtigungen, Sport ging es aber auch ganz konkret zur Sache: Im Jugendklubhaus „Völkerfreundschaft" renovierten sie mehrere Räume.

Der Gegenbesuch der Leipziger startete dann im Februar 1994. Vierzehn Jugendliche, zum größten Teil Schüler aus Grünau, fuhren im Februar in die englische Partnerstadt. Begleitet wurden sie von den Initiatoren und Organisatoren der Reise: Dirk Friedel, dem Leiter

accompany

des Jugendklubs „Völkerfreundschaft", und Karin Hempel aus dem Jugendamt.

Für einen Teil der Reisekosten mussten die Teilnehmer selbst aufkommen. Den anderen Teil zahlte das Jugendamt als Auszeichnung für die Jugendlichen, die sich vor allem im Klub „Völkerfreundschaft" engagieren. Den Aufenthalt in Birmingham organisierte „Prince's Trust".

pricing

Auch in der Partnerstadt ging es erstmal mit Elan an die Arbeit: Gemeinsam mit Jugendlichen aus Birmingham renovierten die Leipziger einen Raum in einem Behindertenheim. Aber natürlich begeisterte auch das Freizeitangebot mit Exkursionen nach London und Nordwales. Einen Nachmittag verbrachte man mit dem Kukuma Dance Theater. Für Torsten Wiegner, den Zivi aus Grünau, war die Reise ein besonderes Erlebnis. „Beeindruckt hat mich die Lebensauffassung der Menschen. Sie sind sehr freundlich, hilfsbereit und tolerant."

attitude to life

Gefüge – structures
gehören – belong

WISSEN SIE DAS?

mention, refer to

Torsten Wiegner, der im Text erwähnt wird, ist ein „Zivi", ein Zivildienstleistender. Wer in Deutschland keinen Militärdienst leisten möchte, kann statt dessen Zivildienst machen, zum Beispiel in einem Altersheim, in einer Jugendherberge, in einer Kirche, beim Roten Kreuz oder bei einer anderen Organisation. Zivildienstleistende müssen begründen, warum sie nicht in die Bundeswehr (die deutsche Armee) wollen.

4

The expressions below could be useful when talking about town-twinning and exchanges. You can find the German versions of all of them in the newspaper article you have just read.

stattdessen
instead, instead of that

Übersetzen Sie die folgenden Ausdrücke ins Deutsche.

1 the English twin town
2 to be in training
3 to be unemployed
4 the return visit
5 the organisers
6 the participants
7 to pay the travel costs
8 a home for people with disabilities
9 a special experience
10 to be impressed by people's outlook on life

5 Now write a summary of the most important information from *'Einmal Birmingham hin und zurück'*. Make some notes first, then write your summary as if you were writing a short article for an English youth magazine.

Schreiben Sie einen Artikel auf Englisch, in dem Sie Antworten auf die folgenden Fragen geben.

- Who travelled where?
- To do what?
- Who initiated the exchange?
- When did the exchange take place?

- How was it financed and organised?
- What were the results of the exchange visits?

 6 Twinning celebrations are an opportunity for people from different countries to meet and to get to know each other. But they may not always speak each other's language. In this activity you will be interpreting (*dolmetschen*) a simple, everyday conversation between an English teacher and a German youth worker.

Hören Sie Hörabschnitt 11 und dolmetschen Sie für James Barker und Tanja Petersen.

7 In this activity you will be comparing Birmingham and Leipzig, the two twinned cities. Say what the two cities have in common using *sowohl ... als auch ...* (both ... and ...) in your answer.

Was haben Birmingham und Leipzig gemeinsam? Schreiben Sie Sätze mit „sowohl ... als auch ...".

1 Großstädte mit über 500 000 Einwohnern
   Sowohl Birmingham als auch Leipzig sind Großstädte mit über 500 000 Einwohnern.
2 berühmte Orchester
3 jugendliche Problemgruppen
4 wirtschaftliche Probleme
5 zu viele Arbeitslose
6 ein Messegelände

8 Finally, practise writing a note of thanks. You have just returned from your visit to Leipzig.

Schreiben Sie einen Brief an Ihre Gastgeberin, Frau Petersen. Sie sollten die folgenden Punkte erwähnen.

- thank Frau Petersen for her hospitality
- say you were very happy to meet her
- say you will always have fond memories of your stay in Leipzig
- mention how much you liked the city
- say how fruitful the talks/workshops etc. were
- you hope that the co-operation between the twin towns will continue
- you look forward to her returning the visit

Lerneinheit 8 **Brauerei Bauer**

Feiern macht durstig! When celebrations take place, there is usually something to drink. In *Lerneinheit 5* you looked at wine drinking. *Lerneinheit 8* is based around *Hörbericht 5*, which is about beer.

There are three topics in *Lerneinheit 8*: *Choosing a drink*, *Working on the Hörbericht* and *Beer and the Bauer brewery*, which also contains some statistics about alcohol consumption.

By the end of *Lerneinheit 8*, you will have practised the passive and the use of *man*, and should be able to state preferences, analyse statistics and make comparisons. The *Hörbericht* gives you the opportunity to learn a drinking song.

Topic	Activity and resource	Key points
Choosing a drink	1 *Übungskassette*	expressing preferences
Working on the *Hörbericht*	2 Text	checking your understanding of relevant vocabulary
	3–4 *Hörbericht*	listening to the *Hörbericht*
	5 Text	practising past participles
	6 Text	practising the passive
Beer and the Bauer brewery	7 Text	replacing the passive by *man*
	8 Text	being interviewed about the Brauerei Bauer
	9 Text	using statistics to make comparisons

STUDY CHART

First of all, how do you say which drinks you prefer?

Hören Sie Hörabschnitt 12 und sprechen Sie in den Pausen nach den deutschen Stichwörtern. Hier ist ein Beispiel:

Sie hören: Pilsner – Bockbier

Sie sagen: Am liebsten trinke ich Pilsner, aber ich trinke auch ganz gern Bockbier.

2 Before you start listening to *Hörbericht 5* in the next activity, study the vocabulary list overleaf. Read through it twice, then cover the English side and see how many meanings you can remember. Repeat the process if you feel you need to. You don't need to be able to use the German words at this stage, just understand them.

Schauen Sie sich die Vokabelliste an.

Prost!	cheers! (when clinking glasses)	**das Lebensmittelgesetz (-e)**	food law
das Anstoßen	here: clinking glasses	**der Ruf (-e)**	reputation
der Hopfen	hops	**der Nachkomme (-n)**	descendant
das Malz	malt	**der Betrieb (-e)**	company
die Hefe	yeast	**enteignen**	to nationalise
die Brauerei (-en)	brewery	**unter Zwang**	by force
das Bockbier	bock beer, double-strength beer	**entschädigen**	to compensate
das Weißbier	pale beer	**das Leid**	suffering
der Weizen	wheat	**mittelständisch**	medium-sized, privately owned (firm)
die Gerste	barley	**konkurrenzfähig**	competitive
vom Fass	on draught	**der Geschmack**	taste
das Schwarzbier	dark beer	**herb**	bitter
das Reinheitsgebot (-e)	purity law	**würzig**	full-flavoured

Hörbericht 5

Hörbericht 5 starts with a description of the various kinds of beer which are brewed in Germany and how their production is controlled. You will also meet Herr Bauer in Leipzig and hear about the history of his company.

Hören Sie den Hörbericht und beantworten Sie die Fragen.

1 What is special about *Bockbier*?
2 What does the *Reinheitsgebot* stipulate?
3 When was Brauerei Bauer founded?
4 What happened in 1972?
5 What were the consequences of this event?
6 Why was the beer renamed?
7 How long did it take after reunification for the brewery to be returned to private ownership?
8 What is the brewery's daily production?
9 Has the brewery recently widened its product range?
10 Why has the brewery recently invested heavily in electronic equipment?

4

Hörbericht 5

Here are some more detailed questions about the *Hörbericht*.
Richtig oder falsch? Bitte kreuzen Sie an.

Carelessly done.
Did not read question
properly

	RICHTIG	FALSCH
1 Die Brauerei Bauer wurde im Jahr 1881 von Herrn Bauers Urgroßvater gegründet. *Grossvater*	☒ ✗	☐
2 1972 wurde die Brauerei Bauer vom Staat übernommen.	☒	☐
3 Die Familie wurde für den Verlust entschädigt.	☐	☒
4 Das Bier wurde dann unter dem Namen Turmbräu verkauft.	☒	☐
5 Heute ist die Brauerei wieder im Familienbesitz, und das Bier heißt wieder Leipziger Bauerbräu. *Bauerbier*	☒ ✗	☐
6 Zur Bierherstellung werden heute traditionelle Braumethoden und moderne Maschinen verwendet. *production*	☒	☐

5

Form

In the *Hörbericht* interview, Herr Bauer describes events that took place in the past. He uses many past participles to form the perfect tense or the passive. Here is a summary of the *Hörbericht*, but the past participles have been left out.

Bilden Sie das Partizip Perfekt der hier aufgelisteten Verben und setzen Sie sie in die Lücken ein.

Die Brauerei Bauer in Leipzig hat eine sehr bewegte Geschichte hinter sich. Der Betrieb existiert schon seit 1881. Bis 1972 war die Brauerei im Besitz der Familie Bauer. Dann wurde sie vom Staat __enteignet__, d.h. der Staat hat sie __übernommen__. Innerhalb von einer Woche hat die Familie damals die Brauerei __verloren__. Die Familie wurde für den Verlust nicht __entschädigt__. Viele andere Betriebe haben das gleiche Schicksal __erlebt__. Damals wurden Hunderttausende von Betrieben vom Staat __enteignet__. Sogar der Name der Brauerei Bauer wurde __verboten__, Familiennamen waren für Staatsbetriebe nicht __erlaubt__. Das Bier wurde dann unter dem Namen Turmbräu __verkauft__. Nach der Wende hat es drei Jahre __gedauert__, bis die Familie ihren Besitz wieder __bekommen__ hat. Heute wird das Bier wieder unter seinem alten Namen __verkauft__. Täglich werden etwa 30 000 Flaschen Bier __produziert__

bekommen • dauern • enteignen • enteignen • entschädigen • erlauben • erleben • produzieren • übernehmen • verbieten • verkaufen • verkaufen • verlieren

6

As you know, the passive is often used when the emphasis is on the action or activity, rather than on who did it.

Setzen Sie die folgenden Sätze ins Passiv.

I Der Braumeister benutzt Hopfen und Malz, um Bier zu brauen.
Hopfen und Malz werden benutzt, um Bier zu brauen.

2 Die Brauereien brauen viele verschiedene Biersorten.

3 Die Brauerei berücksichtigt auch die Autofahrer.

4 Der Staat hat den Familienbetrieb enteignet.

5 Der Staat hat den Namen der Brauerei sofort verboten.

6 Der Betrieb hat das Bier dann unter dem Namen Turmbräu verkauft.

7 Die Brauerei verkauft das Bier jetzt wieder unter dem Namen Bauer Bier.

8 Die Brauerei Bauer investiert seit der Wende viel Geld in neue Maschinen.

7

Now use your knowledge of beer brewing to correct your friend Walter who keeps getting his facts wrong. To do this, use sentences with *man*. As you know, *man* is often used as an alternative to the passive when it's not important to know who performed the action.

Korrigieren Sie die Aussagen Ihres Freundes. Verwenden Sie „man".

I Walter   In Deutschland wird erst seit 20 Jahren Bier gebraut.

     Sie   *Nein, das stimmt nicht, in Deutschland braut man schon seit Jahrhunderten Bier!*

2 Walter   Hopfen und Zucker werden benutzt, um Bier zu brauen.

     Sie   *Nein, das ist Unsinn, …*

3 Walter   Die besten Maschinen wurden alle in die Sowjetunion exportiert!

     Sie   *Nein, …*

4 Walter   In der Brauerei Bauer wird heutzutage nur noch eine Biersorte gebraut.

     Sie   *Nein, das ist nicht richtig, …*

5 Walter   In der Brauerei Bauer wird nach ganz neuen Braumethoden gebraut!

     Sie   *Nein, da irrst du dich, …*

6 Walter   Für Weißbier wird Roggen statt Gerste verwendet.

     Sie   *So ein Unsinn,…*

8

By now you know quite a lot about Brauerei Bauer, so you are well qualified to take the part of Herr Bauer in an interview. Read through the questions on page 57 first. If you are not quite sure of the answers, check the facts and make some notes before reading your answers out loud.

Machen Sie Notizen und sagen Sie dann Ihre Antworten laut. Sprechen Sie auf eine Kassette, wenn Sie möchten.

Herr Bauer, darf ich Sie etwas über Ihre Brauerei fragen?

1 Seit wann ist die Brauerei im Besitz der Familie Bauer?

2 Wann wurde die Brauerei enteignet?

3 Was hatte die damalige Regierung beschlossen?

4 Wie ging es anderen Privatbetrieben?

5 Wurden Sie für den Verlust der Brauerei entschädigt?

6 Wie lange hat es nach der Wende gedauert, bis die Brauerei wieder im Familienbesitz war?

7 Wie groß ist Ihre Brauerei?

8 Wie viele Flaschen Bier produzieren Sie jetzt pro Tag?

9 Was für Biersorten brauen Sie?

10 Nach welcher Methode wird bei Ihnen gebraut?

In this final activity you will work with statistics and practise making comparisons. Most people enjoy a glass of beer or wine when there's something to celebrate, but in some cases alcohol can endanger lives.

Lesen Sie die Statistiken und kreuzen Sie auf Seite 58 an.

Alkoholverbrauch im Ländervergleich	
Land	Verbrauch/Kopf (l)*
Deutschland	12,1
Frankreich	11,9
Portugal	11,6
Schweiz	10,7
Ungarn	10,5
Spanien	10,4
Österreich	10,3
Dänemark	9,9
Belgien	9,4
Ehem. SFR	8,6
Italien	8,4
Niederlande	8,3
Bulgarien	7,8
Argentinien	7,5
Großbritannien	7,4
Finnland	7,4
Polen	7,1
USA	7,0
Japan	6,3

* 1992, Quelle: Deutsche Hauptstelle gegen die Suchtgefahren

Alkoholismus

Häufigste Suchtkrankheit in Deutschland. [*addiction*] Die Zahl der Alkoholkranken in Deutschland wurde 1995 auf 2,5 Mio. geschätzt. Die Dunkelziffer liegt weit höher. [*estimated*]

Konsum

Drei Viertel der Erwachsenen trinken mindestens einmal pro Woche, 30% täglich Alkohol. Durchschnittlich konsumierte 1992 jeder Deutsche einschließlich Kindern 176,1 Liter alkoholische Getränke. Die monatlichen Ausgaben für Alkoholika beliefen sich in westdeutschen Arbeitnehmerhaushalten auf 56 DM, in ostdeutschen auf 74 DM. Der Bierkonsum lag in West- und Ostdeutschland bei rund 150 Litern. Westdeutsche tranken mit 27 Litern pro Kopf rund 10 Liter mehr Wein und Sekt als Ostdeutsche, die mit durchschnittlich 12 Litern doppelt soviel Schnaps konsumierten wie Westdeutsche.

Schäden

Alkohol schädigt nahezu alle menschlichen Organe und kann psychische Krankheiten verursachen. Er begünstigt [*cause*] Krankheiten wie Krebs. Wenn Frauen täglich mehr als 20g reinen Alkohols zu sich nehmen (etwa 0,5 Liter Bier oder 0,2 Liter Wein) und Männer mehr als 60g, ist mit gesundheitlichen Schäden zu rechnen. [*calculate*]

schädigen *to damage*	**die Krankheit (-en)** *illness*	**ehem. (ehemalige)** *former*

Finger weg vom Alkohol

~~steering wheel~~

Alkohol am Steuer ist eine der häufigsten Unfallursachen überhaupt. Deshalb sollte für Autofahrer allgemein gelten: Finger weg vom Alkohol. Da viele Fahrer trotzdem trinken, regelt der Staat, bis zu welcher Promillezahl man noch fahren darf. Die Obergrenzen sind je nach Land unterschiedlich. Unsere Karte zeigt die Höchstwerte in Europa.

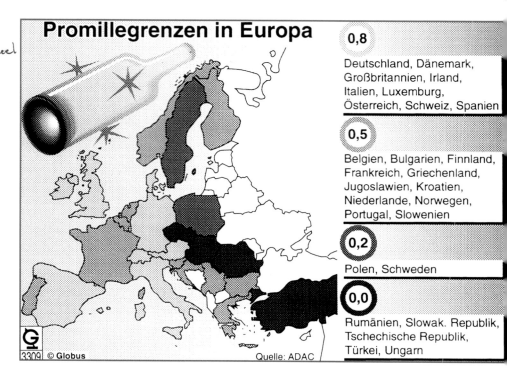

Promillegrenzen in Europa

0,8
Deutschland, Dänemark, Großbritannien, Irland, Italien, Luxemburg, Österreich, Schweiz, Spanien

0,5
Belgien, Bulgarien, Finnland, Frankreich, Griechenland, Jugoslawien, Kroatien, Niederlande, Norwegen, Portugal, Slowenien

0,2
Polen, Schweden

0,0
Rumänien, Slowak. Republik, Tschechische Republik, Türkei, Ungarn

3309 © Globus   Quelle: ADAC

I In … wird mehr Alkohol getrunken als in allen anderen Ländern.
a Frankreich ❏   **b** Finnland ❏   **c** Deutschland ☒

2 In Großbritannien wird weniger Alkohol getrunken als in …
a Finnland. ❏   **b** den USA. ❏   **c** der Schweiz. ❏

3 In … wird besonders viel Schnaps getrunken.
a Arbeitnehmerhaushalten ❏   **b** Westdeutschland ❏
c Ostdeutschland ❏

4 Frauen sollten nicht mehr als … pro Tag trinken.
a ein großes Glas Wein ❏   **b** eine halbe Flasche Wein ❏
c zwei Gläser Wein und einen Schnaps ❏

5 Sowohl in Deutschland als auch in … darf man bis zu 0,8 Promille Alkohol im Blut haben und trotzdem noch Auto fahren.
a Großbritannien ❏   **b** Frankreich ❏   **c** Schweden ❏

6 Während Autofahrer in den meisten Ländern eine kleine Menge Alkohol im Blut haben dürfen, ist der Alkoholkonsum für Autofahrer zum Beispiel in … völlig verboten.
a der Türkei ❏   **b** den Niederlanden ❏   **c** der Schweiz ❏

7 … ist eine der häufigsten Unfallursachen.
a Einschlafen am Steuer ❏   **b** Alkohol am Steuer ❏
c Bierkonsum im Auto ❏

Lerneinheit 9 **Weihnachtszeit**

After finding out about St. Nikolaus, who still comes to visit small children in many families, you will learn about Christmas preparations and different ways of celebrating Christmas in Germany.

There are three topics in *Lerneinheit 9*: *Getting ready for Christmas, Celebrating Nikolaustag and Christmas* and *New Year's resolutions*.

By the end of *Lerneinheit 9*, you will have collected some Christmas vocabulary, tried out a Christmas biscuit recipe, practised writing about sequences of events and emotional reactions, analysed statistics and thought up some New Year's resolutions using a *zu* construction.

STUDY CHART

Topic	Activity and resource	Key points
Getting ready for Christmas	1 **Video**	recognising words relating to Christmas as you watch the video
	2 **Text**	listing more compound nouns relating to Christmas
	3 **Video**	watching the Christmas video
	4 **Text**	translating a recipe
Celebrating *Nikolaustag* and Christmas	5 **Video**	learning about St. Nikolaus customs
	6–7 **Video**	describing a sequence of events
	8 **Text**	sorting out different reactions
	9 **Text**	practising using *weil*
	10 **Text**	analysing statistics about German attitudes to Christmas
New Year's resolutions	11 **Text**	practising infinitive clauses with *zu*

Die vier Wochen vor Weihnachten, Advent, sind in Deutschland mit zahlreichen Traditionen verbunden. In vielen Häusern findet man einen Adventskranz, ursprünglich ein Kranz aus Tannenzweigen mit vier roten Kerzen. Heute werden Kränze aus verschiedenen Materialien gemacht und in allen möglichen Farben.

An den vier Adventssonntagen werden die Kerzen eine nach der anderen angezündet. Auch gibt es in den meisten Städten zur Adventszeit einen Weihnachtsmarkt, wo man z.B. Christbaumschmuck kaufen und Glühwein trinken kann. Dazu gibt es auch einen Kindervers: ,,Advent, Advent, ein Lichtlein brennt. Erst eins, dann zwei, dann drei, dann vier, dann steht das Christkind vor der Tür.'' Die alternative Version dieses Verses lautet: ,,Advent, Advent, ein Lichtlein brennt. Erst eins, dann zwei, dann drei, dann vier – und wenn das fünfte Lichtlein brennt, dann hast du Weihnachten verpennt.''

der Kranz (¨e) *wreath*	**das Christkind** *infant Jesus*
der Tannenzweig (-e) *pine twig*	**der Glühwein** *mulled wine*
das Lichtlein (-) *'small light'; here: candle*	**verpennen = verschlafen** *here: to miss*

04:10–11:45

Watch the video sequence (parts 2 and 3) about Christmas once. There are quite a few compound nouns which include *Weihnachts-* and *Advents-*. Try to make a note of them as you watch.

Machen Sie eine Liste der Wörter mit Weihnachts- und Advents-, die im Video erwähnt werden.

2 Now use your dictionary to list more nouns which start with *Weihnachts-, Advents-* and *Christ-* in your *Notizbuch*.

04:10–06:19

Now watch the first section of the video about the *Weihnachtsmarkt* and *Adventszeit* again. Arrange the following sentences (which have been slightly rephrased) in the order they occur in the video.

Bitte ordnen Sie die Sätze.

der Bummel (-)
stroll

die Lieblings-
beschäftigung
(-en) *favourite*
occupation

der Duft (¨e)
fragrance, smell

verzaubern *to*
enchant

a Stollen und Plätzchen werden selbst gebacken.

b An jedem Adventssonntag wird eine Kerze mehr angezündet.

c Auf dem Weihnachtsmarkt wird Glühwein getrunken.

d Auf dem Markt wird alles angeboten, was man für Weihnachten braucht.

e Bei Familie Frenzel hat der Adventskranz Tradition.

f Kerzen, Dekorationen und Süßigkeiten werden verkauft.

A lot of baking goes on during Advent – including seasonal goodies like *Weihnachtsplätzchen*, *Stollen* and *Früchtebrot*. The recipes are often handed down in families and there are many regional specialities. Here is a recipe for *Zimtsterne*.

Erklären Sie einem Freund/einer Freundin auf Englisch, was man machen muss.

Whisk the egg whites until they form stiff peaks, …

der
Puderzucker
icing sugar

dazugeben *to add*

der Eischnee
beaten egg white

die Mandel (-n)
almond

der Zimt
cinnamon

das Backblech
(-e) *baking tray*

vorheizen *to preheat*

die Arbeits-
fläche (-n)
work surface

bestreuen *to sprinkle*

bestreichen *to cover*

der Ausstecher
(-) *cutter*

tauchen *to dip*

aufbewahren *to store*

die Blechdose
(-n) *tin*

FÜR DEN WEIHNACHTSTELLER

Zimtsterne

Zutaten für etwa 40 Stück:
3 Eiweiß
200 g Puderzucker
1 Päckchen Vanillinzucker
400 g Mandeln, gemahlen
2 Teel. Zimtpulver
Für das Backblech: Backpapier

Berühmtes Rezept

Bei 40 Stück pro Stück etwa:
340 kJ/81 kcal
2 g Eiweiß · 5 g Fett
6 g Kohlenhydrate

• Zubereitungszeit: etwa
1 3/4 Stunden (davon
25 Minuten Backzeit)

1. Die Eiweiße steif schlagen, dabei den Puderzucker und den Vanillinzucker nach und nach dazugeben. Etwa 1 Tasse von dem Eischnee abnehmen und kühl stellen. Unter den restlichen Eischnee 300 g Mandeln und das Zimtpulver heben. Den Teig zugedeckt etwa 30 Minuten kühl stellen.

2. Das Backblech mit Backpapier belegen. Den Backofen auf 150° vorheizen. Die Arbeitsfläche mit den restlichen Mandeln bestreuen und den Teig darauf etwa 7 mm dick ausrollen.

3. Die Teigplatte dünn mit dem restlichen Eischnee bestreichen. Einen Sternausstecher in kaltes Wasser tauchen, einen Stern damit ausstechen und auf das Backblech setzen. So fortfahren, bis der ganze Teig verbraucht ist.

4. Die Zimtsterne im Backofen (Mitte, Gas Stufe 1) in etwa 25 Minuten backen. Die fertigen Zimtsterne bewahren Sie am besten in einer gut schließenden Blechdose auf.

09:06–10:43

The feast of St. Nikolaus on 6th December is an important landmark in the run-up to Christmas, especially for children. Watch the section of the video where Dr. Setzler and Lucy Baumeister describe what happens on *Nikolaustag*. Then complete the following sentences.

Schauen Sie das Video an und setzen Sie die fehlenden Wörter in die Lücken ein.

**gucken =
schauen** *to
look*

die Nuss (-̈sse)
nut

**die Mandarine
(-n)** *tangerine*

der Stab (-̈e)
*here: crosier,
bishop's crook*

sich schminken
*to put on make-
up*

klopfen *to knock*

der Begleiter (-)
companion

artig sein *to be
good, obedient*

**böse Taten
vollbringen** *to
commit bad
deeds*

bestrafen *to
punish*

1 Die Kinder stellen am Abend des 5. Dezember ihre _Stiefel_ vor die _Türe_ .

2 Wenn wir morgens die Tür aufmachen, dann sind in den Stiefeln Schokoladen-Nikoläuse oder _Nüsse_ und ein _Tannenzweig_ und vielleicht noch _Mandarinen_

3 Es gibt aber auch noch den Brauch, dass der Nikolaus kommt, d.h. es verkleidet sich jemand als _Bischof_ mit Mütze und Stab und bringt dann den Kindern _____ .

4 Früher hat man den Kindern sehr viel _Angst_ gemacht. Da kam der Nikolaus mit einem _Begleiter_ , und die haben gesagt „Warst du auch _artig_ , oder warst du _böse_ ?" Die haben ein Buch gehabt und haben gesagt „Ich schaue nach, was für böse _Taten_ du vollbracht hast". Der Begleiter hatte auch eine _Rute_ , und dann am Schluss bekam man aber doch _____ .

WISSEN SIE DAS?

Der Nikolaustag am 6. Dezember hat vor allem für Kinder eine große Bedeutung und wird in vielen Familien gefeiert.

Oft kommt der Nikolaus in rotem Mantel, Mitra und Bischofsstab noch persönlich in die Häuser. Begleitet wurde er traditionell oft von Rupprecht, seinem Diener, der die Rolle des Bösewichts übernimmt. Rupprecht trägt den Sack mit Geschenken, aber er trägt auch die Rute, mit der die Kinder, die im vergangenen Jahr nicht artig waren, geschlagen werden. Wenn der Nikolaus nicht persönlich kommt, dann stellen die meisten deutschen Kinder einen Schuh draußen auf das Fensterbrett oder vor die Tür. Am nächsten Morgen sind dann Süßigkeiten im Schuh.

Heute wird nicht mehr mit Strafe gedroht, und es ist nur noch eine Formalität, wenn Nikolaus in seinem Goldenen Buch nachliest, ob die Kinder auch „lieb" waren – Geschenke gibt es auf jeden Fall.

der Diener (-) *servant*	**der Bösewicht (-e** *or* **-er)** *villain*

6

07:21–07:54

Watch this account of a family Christmas.

Hören Sie sich an, was Christine Frenzel sagt und ergänzen Sie die folgenden Sätze.

1 Zuerst wird …

2 Dann gehen …

3 Danach dürfen …

4 Dann öffnen …

5 … und singen …

In Deutschand ist der Heilige Abend am wichtigsten. Die Geschäfte machen schon um die Mittagszeit zu. Am Nachmittag wird zu Hause alles vorbereitet. Der Weihnachtsbaum wird geschmückt, die Geschenke werden unter den Baum gelegt.

Erst am Abend bei der Bescherung sehen die Kinder den geschmückten Weihnachtsbaum und die Geschenke. Aber zuerst werden noch Weihnachtslieder gesungen, Gedichte vorgetragen. Vielleicht wird die Weihnachtsgeschichte vorgelesen. Erst dann dürfen die Geschenke geöffnet werden.

Der Heilige Abend ist ein Familienfest. Man bleibt zu Hause und unter sich. Auch der 1. Weihnachtsfeiertag gehört noch der Familie, aber vielleicht werden engere Verwandte eingeladen oder besucht.

7

10:44–11:44

**anputzen =
schmücken** *to
decorate*

zurechtmachen
to prepare

die Bescherung
*giving out,
distribution of
(Christmas)
presents*

Now find out how the Walter family celebrates Christmas Eve.

Ergänzen Sie die folgenden Sätze.

1 Bei den Walters wird zuerst …

2 Dann gehen sie …

3 Danach wird …

4 Dann werden alle …

5 Dann macht Herr Walter …

6 Schließlich kommen die Kinder …

Giving the right present is not easy at the best of times. It can cause all kinds of unexpected reactions from sheer joy to misery if you happen to have forgotten someone. Here are various reactions: find out what might have caused them and match them with possible reasons.

Ordnen Sie bitte zu.

merkwürdig	*strange*
kitschig	*trashy*
albern	*silly*

Reaktionen

1 Sie hat sich sehr über den Pullover gefreut.

2 Er hat sich riesig über sein Geschenk von ihr gefreut.

3 Er war von seinem Geschenk enttäuscht.

4 Er war zutiefst deprimiert.

5 Sie war völlig überrascht.

6 Sie war entsetzt über seinen schlechten Geschmack.

7 Sie ärgerte sich über seinen merkwürdigen Sinn für Humor.

Gründe/Anlässe

a Das Bild war furchtbar kitschig.

b Seine Freundin hatte seinen Geburtstag vergessen.

c Es war genau das, was er schon immer wollte.

d Er hatte das Buch schon.

e Das Geschenk war zu albern.

f Sie hatte kein Geschenk von ihm erwartet.

g Schwarz ist ihre Lieblingsfarbe.

LERNTIP

Für's Notizbuch

The language you need to express emotions can be quite difficult. The last activity included some useful expressions, however, which you might like to write in your *Notizbuch*. You have already met *sich freuen über* in *Lerneinheit 6* of this *Thema*.

sich (riesig) freuen über *to be (extremely) happy about*

(völlig) überrascht sein von *to be (completely) surprised about*

enttäuscht sein von *to be disappointed by*

entsetzt sein über *to be shocked at*

(zutiefst) deprimiert sein *to be (deeply) depressed*

Now practise giving reasons using *weil*. Remember that in a subordinate clause with *weil* the verb goes to the end of the sentence.

Verbinden Sie die Satzpaare aus Übung 8 mit „weil".

z.B. **1** Sie hat sich sehr über den Pullover gefreut. Schwarz ist ihre Lieblingsfarbe.

Sie hat sich sehr über den Pullover gefreut, **weil** Schwarz ihre Lieblingsfarbe **ist**.

Read this article to find out how the Germans like to celebrate Christmas.

Finden Sie zu den folgenden Aussagen die Prozentzahlen im Text (nicht alle sind als Prozentzahlen angegeben).

hoch im Kurs stehen *to be highly rated*

die Umfrage (-n) *survey*

veröffentlichen *to publish*

strahlend *shining*

der Weihnachts-muffel (-) *colloquial: somebody who does not like Christmas*

der Asylbewerber (-) *asylum seeker*

überreichen *to present*

So feiern die Deutschen am liebsten Weihnachten

BM/ddp Bonn, 23. Dez.

Weihnachten als Fest der Familie steht bei den Deutschen immer noch sehr hoch im Kurs. Das läßt sich an vielen Umfragen und Statistiken ablesen, die in der Adventszeit veröffentlicht wurden.

So sprachen sich 56 Prozent der befragten Bundesbürger für das Zusammensein von Eltern und Kindern unter dem Weihnachtsbaum aus. Für 43 Prozent gehören strahlende Kinderaugen zum Weihnachtsglück. 39 Prozent besuchen mit der Familie die Christmette. Und nur eine verschwindende Minderheit von 2,5 Prozent der Deutschen bezeichnet sich selbst als „Weihnachtsmuffel".

Die Mehrheit der Bundesbürger kann sich übrigens nicht vorstellen, zum Weihnachtsfest eine Asylbewerberfamilie einzuladen. Nur jeder dritte Deutsche würde den Heiligen Abend gemeinsam mit Asylanten verbringen.

Knapp jeder zweite Deutsche gab an, er hasse die verzweifelte Geschenksuche in letzter Minute. Viele lassen sich tatsächlich sehr viel Zeit mit dem Einkauf: So hatte jeder zweite Bundesbürger eine Woche vor dem Fest noch nicht alle Geschenke für seine Lieben beisammen. Wer beschenkt wird, kann allerdings fast sicher sein, daß das Präsent aufrichtig überreicht wird: Zwei von drei Deutschen gaben an, nur von Herzen zu schenken. Nur jeder Dritte verteilt auch „Pflichtgeschenke".

Die Umweltschützer werden es nicht gerne hören: Für 67 Prozent der Befragten ist es wichtig, daß die Geschenke auch schön verpackt sind. Da kommt allerhand zusammen: Alle Bundesbürger zusammen werden ihre Geschenke in schätzungsweise 5000 Tonnen bedrucktes Geschenk- und Packpapier einwickeln.

In ganz Deutschland werden in diesem Jahr rund 22 Millionen Weihnachtsbäume aufgestellt. Für 61 Prozent der Bundesbürger gehört der Baum unbedingt zum Fest. Weihnachtslieder singen ist ein unbedingtes Muß in 78 Prozent der deutschen Familien.

Der Weihnachtshit schlechthin ist „Stille Nacht, heilige Nacht. . .". Wer „Oh Tannenbaum, oh Tannenbaum" trällert, liegt meist falsch: In drei von vier Haushalten erklingt das Lied vor einer Fichte, dem Marktführer unter den Weihnachtsbäumen.

Vor und an den Festtagen wird natürlich auch allerhand gegessen und getrunken: So vernaschen die Bundesbürger allein im Advent und an Weihnachten knapp 250 000 Tonnen Süßwaren. Das entspricht einem Viertel der gesamten Jahresproduktion. Dazu kommen natürlich auch die selbst gefertigten Plätzchen, Stollen und Kuchen: In drei von vier Küchen backt die Hausfrau selber.

Ernährungswissenschaftler schlagen angesichts der üppigen Mahlzeiten an den Festtagen und der Süßigkeiten natürlich Alarm. Fette Soßen und Braten, Lebkuchen und Schokoladenherzen schlagen unbarmherzig beim Gewicht zu Buche: Jeder Bundesbürger ißt statistisch an jedem der Festtage 500 bis 1000 Kalorien mehr, als der Körper benötigt.

Wenn man die ganzen vorweihnachtlichen Schleckereien dazurechnet, ist es leicht möglich, nach den Festtagen drei bis vier Kilo mehr auf die Waage zu bringen.

Andreas Schmitz

1 _____ % sind für das Zusammensein von Eltern und Kindern an Weihnachten.

2 _____ % finden, erst Kinder machen Weihnachten richtig schön.

3 _____ % besuchen einen Gottesdienst am Heiligen Abend.

4 _____ % haben kein Interesse an Weihnachten.

5 _____ % sind bereit, eine Asylbewerberfamilie einzuladen.

6 _____ % kaufen Geschenke in letzter Minute.

7 _____ % sagen, wenn geschenkt wird, dann von Herzen.

8 _____ % denken, Geschenke müssen schön verpackt sein.

9 Für _____ % gehört der Weihnachtsbaum auf jeden Fall dazu.

10 _____ % singen Weihnachtslieder.

11 Bei _____ % wird das Weihnachtsgebäck selbst gemacht.

Silvester und Neujahr

Während Weihnachten der Familie gehört, wird Silvester oft mit einer Party im größeren Kreis gefeiert. Um Mitternacht wird das Neue Jahr mit einem Feuerwerk und Sekt begrüßt. Man feiert dann noch bis in die frühen Morgenstunden. Wenn man dann an Neujahr mit einem Kater (_hangover_) aufwacht, sind die guten Vorsätze meist fast schon vergessen.

What are your resolutions (_Ihre guten Vorsätze_) for the New Year? What are you planning to do differently?

Was haben Sie sich vorgenommen? Bilden Sie Sätze mit „zu". Verwenden Sie auch die folgenden Ausdrücke: künftig, in Zukunft, im Neuen Jahr, ab sofort.

1 weniger essen
   Ich habe mir vorgenommen, künftig weniger zu essen.

2 mehr schlafen

3 weniger Geld ausgeben

4 sparsamer sein

5 früher aufstehen

6 immer pünktlich sein

7 nicht so lange aufbleiben

8 seine guten Vorsätze befolgen

Schreiben Sie jetzt zwei gute Vorsätze, die Sie selbst haben.

9 _____

10 _____

Checkliste

By the end of *Teil 3* you should be able to

○ give the date and time of events (*Lerneinheit* 7, Activity 2) — **Seite 50**

○ interpret a simple conversation (*Lerneinheit* 7, Activity 6) — **Seite 52**

○ make comparisons using *sowohl … als auch …* (*Lerneinheit* 7, Activity 7) — **Seite 52**

○ write a note of thanks (*Lerneinheit* 7, Activity 8) — **Seite 52**

○ use different past participles (*Lerneinheit* 8, Activity 5) — **Seite 55**

○ use the passive in different ways (*Lerneinheit* 8, Activity 6) — **Seite 56**

○ use *man* in more contexts (*Lerneinheit* 8, Activity 7) — **Seite 56**

○ re-present information from statistics (*Lerneinheit* 8, Activity 9; *Lerneinheit* 9, Activity 10) — **Seiten 57; 65**

○ translate a German recipe (*Lerneinheit* 9, Activity 4) — **Seite 61**

○ describe sequences of events (*Lerneinheit* 9, Activities 6–7) — **Seite 63**

○ use subordinate clauses with *weil* (*Lerneinheit* 9, Activity 9) — **Seite 64**

○ use infinitives with *zu* (*Lerneinheit* 9, Activity 11) — **Seite 66**

67

Teil 4

Wiederholung

Teil 4 is set aside for revision. *Lerneinheit 10, Zu allen Anlässen*, focuses mainly on Christmas in Germany, with a brief return visit to Ravensburg and a wine-tasting session in a Württemberg wine cellar. *Lerneinheit 11, Herzlich eingeladen*, concentrates on the niceties of social behaviour: accepting and declining invitations and how to behave in formal situations.

In *Teil 4* you will revise the language of planning, inviting and congratulating, and describing a sequence of events. You will also get more practice in the main grammar points of this *Thema* – using the passive, using phrases with prepositions and asking indirect questions.

Lerneinheit 10 Zu allen Anlässen

In *Lerneinheit 10* you will have another look at why and how people celebrate. There are three topics: *Congratulations!*, *Christmas and consumerism* and *What happened next?*. There is an article about the commercial side of Christmas, and you will revise the vocabulary to do with celebrations, presents and the family. You will also practise using phrases with prepositions.

STUDY CHART

Topic	Activity and resource	Key points
Congratulations!	**1 Text**	practising congratulations
	2 Text	revising names for different celebrations
Christmas and consumerism	**3 Text**	reading about which presents are most popular
	4 Text	writing about Christmas dinner in England
	5 Text	practising saying what you think
What happened next?	**6 Text**	revising vocabulary to do with wine tasting
	7 *Übungskassette*	describing a wine-tasting session

First practise the correct congratulations for particular occasions. Here are some phrases you could use, but they are jumbled up.

Ordnen Sie die Sätze.

1 Weihnachten Frohe und Glück viel im Jahr Neuen

2 Glückwunsch Herzlichen zum und Gute alles Geburtstag im Lebensjahr neuen

3 ein Wieder Jahr älter! Gute Alles!

4 Zu Hochzeit gratulieren wir eurer herzlich und wünschen für Gute alles den Lebensweg gemeinsamen euch

5 Zur Ihrer Tochter Geburt gratulieren herzlich möchten wir

6 Schreck, Oh nicht mehr sicher sind die Straßen! du Auch hast jetzt Führerschein den!

2 Here are some more occasions to celebrate, along with a list of people you might want to give presents to, plus possible presents. Pick eight occasions and match them with a suitable person and your choice of present. Use the verb *schenken*, which means 'to give a present'.

Machen Sie Sätze, die mit „zu" anfangen, wie zum Beispiel „Zum Geburtstag schenke ich meinem Freund einen Tennisschläger."

Anlässe	Personen	Geschenke
Taufe	Eltern	Süßigkeiten
Kommunion	Sohn	das Spielzeug-Auto
Konfirmation	Tochter	die Perlenkette
Verlobung	Schwester	die Ledertasche
Hochzeit	Bruder	das Kochbuch
Silberne Hochzeit	Schwager	der Schlips
Goldene Hochzeit	Schwägerin	das Fahrrad
Geburtstag	Nichte	der silberne Löffel
Weihnachten	Neffe	die Reise nach …
Ostern	(Ehe)mann/(Ehe)frau	der Tennisschläger
bestandene Prüfung	Schwiegersohn	der Gutschein für …
Beförderung	Schwiegertochter	DM 50,–
Pensionierung	Patenkind	der Designer-Kessel
Führerschein	Kollegin/Kollege	selbstgebackene Plätzchen
	Freundin/Freund	der Gartenschlauch
		nichts

der Schlips (-e) = die Krawatte (-n) *tie*

der Gartenschlauch (¨e) *hose*

3

It is not just the lucky recipients of Christmas presents who benefit; retailers count on Christmas to boost their sales and their profits. Here is an article about the commercial side of Christmas, plus a table showing which presents are the most popular.

Lesen Sie den Artikel und beantworten Sie die Fragen.

WEIHNACHTSGESCHÄFT

Alle Jahre wieder: Der Einzelhandel meldet Rekordumsätze. Am meisten profitieren die Spielzeug- und Schmuckindustrie

Zwischen Glühweinbude und Lebkuchenstand gab's auf dem Markt von Meldorf in Schleswig-Holstein auch etwas gratis – Ostereier. Pastoren verteilten sie als Protest gegen „die kommerzielle Aushöhlung der stillen Zeit". Jedes Jahr klagen die Kirchen über den Konsumrausch in der Weihnachtszeit – offenbar ohne Erfolg.

Denn auch in diesem Jahr vermeldet der Hauptverband des Deutschen Einzelhandels (HDE) einen Einnahmerekord im Weihnachtsgeschäft. Etwa 29 Milliarden Mark kommen zusätzlich in die Kassen, das sind 200 Millionen mehr als 1994 und 600 Millionen mehr als 1993.

Der Anteil des Weihnachtsumsatzes am gesamten Jahresumsatz des Einzelhandels wird in diesem Jahr etwa vier Prozent betragen. In den vergangenen Jahren hat er sich zwischen 3,8 und 4,0 Prozent eingependelt.

Die Weihnachtswünsche der Kunden fallen heute präziser aus. „Das Überraschungsgeschenk hat deutlich verloren", beobachtet Hubertus Tessar vom HDE. Dementsprechend ist die Umtauschquote nach Weihnachten um bis zu 50 Prozent zurückgegangen.

Lediglich an den letzten Tagen vor dem Fest kommen verstärkt Käufer, die „irgendein Geschenk" suchen. „Die landen dann meist bei den Kosmetika", sagt Horst Michael Schlonsak von Karstadt, „oder sie nehmen SOS-Geschenke (Socken, Oberhemden, Schlips)".

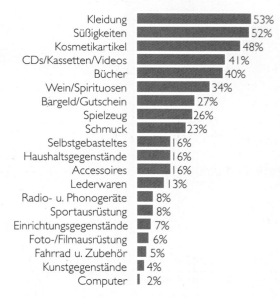

WAS VERSCHENKEN SIE?*

Kleidung	53%
Süßigkeiten	52%
Kosmetikartikel	48%
CDs/Kassetten/Videos	41%
Bücher	40%
Wein/Spirituosen	34%
Bargeld/Gutschein	27%
Spielzeug	26%
Schmuck	23%
Selbstgebasteltes	16%
Haushaltsgegenstände	16%
Accessoires	16%
Lederwaren	13%
Radio- u. Phonogeräte	8%
Sportausrüstung	8%
Einrichtungsgegenstände	7%
Foto-/Filmausrüstung	6%
Fahrrad u. Zubehör	5%
Kunstgegenstände	4%
Computer	2%

*Mehrfachnennungen sind möglich
Beliebte Präsente: Über die Hälfte der Deutschen verschenken Kleidung oder Süßwaren

1 Was gab es auf dem Weihnachtsmarkt von Meldorf zu essen und zu trinken?

2 Was gab es dort kostenlos?

3 Von wem wurden diese Gratis-Präsente verteilt?

4 Warum wurden sie verteilt?

5 Wie viel Geld wird in Deutschland für Weihnachtsvorbereitungen und Weihnachtsgeschenke ausgegeben?

6 Was macht man nicht mehr so oft?

7 Was ist die Folge davon?

8 Was für Geschenke werden ganz kurz vor Weihnachten noch gekauft?

9 Was wird häufiger verschenkt? Süßigkeiten oder Alkohol?

10 Wie viel Prozent aller Deutschen verschenken Sachen, die sie selbst gemacht haben?

4 A German friend of yours has decided to celebrate Christmas differently this year. He has written to ask for your advice on how to cook a turkey.

Lesen Sie den Brief von Ihrem Freund aus Deutschland und schreiben Sie dann eine Antwort.

den 7. Dezember

Liebe/Lieber ... general - all round

wie geht's dir im allgemeinen Vorweihnachtsstress? Wir haben beschlossen, das Fest diesmal ein bisschen anders zu feiern. Zum ersten Mal wollen wir uns nichts schenken, weil uns der Konsumterror vor Weihnachten einfach auf die Nerven geht. Und wir werden einige Leute einladen; das haben wir vorher noch nie gemacht. Damit bin ich auch schon beim Thema: Ich hatte die Idee, diesmal einen Truthahn zu machen – wie in England – nur weiß bei uns keiner so recht, wie man Truthahn zubereitet. Also, hier sind meine Fragen:

- Braucht man eine Vorspeise?
- Wie groß sollte der Truthahn sein?
- Wie viel Gramm sollte man pro Person rechnen?
- Wie wird er am besten gebraten?
- Was isst man dazu?
- Was wäre ein traditioneller englischer Nachtisch?
- Was kann man dann mit dem wahrscheinlich übrig gebliebenen Truthahn machen?

Tut mir Leid, dich so mit Fragen zu bombardieren! Es wäre wirklich nett, wenn du bald eine Antwort senden könntest!

Schöne Grüße,

Martin

PS Meine Nichte bastelt im Moment Strohsterne. Ich schicke dir ein besonders schönes Exemplar mit!

der Truthahn (¨e) *turkey*	**der Strohstern (-e)** *Christmas star made of straw*

5

Now here's an opportunity for you to say what you think about Christmas and other celebrations. Use expressions with prepositions such as *darüber, darauf* etc. For example, when you are asked *Freuen Sie sich auf Weihnachten?* you could answer either *Ja, ich freue mich darauf* or *Nein, ich freue mich nicht darauf.* You could also add extra words to give emphasis: *Ja, ich freue mich **sehr** darauf.* or *Nein, ich freue mich nicht **besonders** darauf.*

Beantworten Sie die Fragen.

1. Freuen Sie sich auf Weihnachten?
2. Denken Sie immer rechtzeitig an die Geschenke?
3. Wären Sie bereit, einen Asylbewerber einzuladen?
4. Interessieren Sie sich für Weihnachtsbräuche in anderen Ländern?
5. Erinnern Sie sich noch an die Weihnachtsfeste, als Sie ein kleines Kind waren?
6. Freuen Sie sich auch über Geburtstags- oder Weihnachtsgeschenke, die ein bisschen kitschig sind?
7. Glauben Sie, zum Feiern gehört Alkohol?
8. Haben Sie schon einmal an einer Weinprobe teilgenommen?

6

In this and the next activity you will revise some vocabulary to do with wine tasting. Match up words from the two columns to form phrases.

Ordnen Sie bitte zu.

| beschwipst *tipsy* |

1	vom Winzer	a	geführt werden
2	in den Probierkeller	b	öffnen
3	ein Probierglas	c	sein
4	eine Flasche Wein	d	begrüßt werden
5	den Wein	e	essen
6	Weißbrot	f	bekommen
7	beschwipst	g	betrachten, riechen und probieren

 7

You have just been to Württemberg where you took part in a wine-tasting session. Someone you know asks how you got on. Remember that the passive is used much more frequently in German than in English.

Machen Sie zuerst Notizen. Hören Sie dann Hörabschnitt 13 und sprechen Sie in den Pausen

Bekannter	Wie war denn Ihre Weinprobe in Württemberg?
Sie	*(Very good. When we arrived, the wine grower welcomed us straight away.)*
Bekannter	Oh …
Sie	*(Then we were taken to the wine-tasting cellar.)*
Bekannter	Aha.

Sie	*(And the wine bottles were already standing there. We tasted four different white wines.)*
Bekannter	Erzählen Sie mal der Reihenfolge nach. Ich war noch nie auf einer Weinprobe.
Sie	*(First a bottle of* Qualitätswein *was opened.)*
Bekannter	Ja, und dann bekamen Sie jeder so ein kleines Probierglas?
Sie	*(Yes, exactly, then we looked at the wine and after that we smelled it.)*
Bekannter	Hmm. Aber trinken durften Sie auch?
Sie	*(Yes, afterwards we tasted the wine as well.)*
Bekannter	Und dann?
Sie	*(Then the next bottle of wine was opened. That was a* Spätlese.*)*
Bekannter	Gab es auch etwas zu essen?
Sie	*(Yes, in between we ate white bread, but at the end everybody was tipsy anyway.)*

Lerneinheit 11 **Herzlich eingeladen**

In this final *Lerneinheit* you will revise how to invite people and how to accept or decline an invitation. This is not just a matter of knowing the right words or phrases, but also being aware of cultural differences. There are two topics: *Organising a party* and *Doing the right thing*. You will also get some more practice in formulating indirect questions.

Topic	Activity and resource	Key points
Organizing a party	1 Text	practising indirect questions
	2 Text	writing an invitation
Doing the right thing	3 *Übungskassette*	practising accepting or declining invitations
	4 Text	asking for advice about correct behaviour
	5–6 Text	learning about social niceties in Germany

STUDY CHART

You are planning to celebrate your 40th birthday and want to hire a room at a restaurant. Imagine you are phoning the restaurant to ask a lot of questions. It is often more polite to ask questions indirectly.

Fragen Sie besonders höflich.

1 Haben Sie am 3.11. einen Raum frei?

   Können Sie mir sagen, ob Sie am 3.11. einen Raum frei haben?

2 Wann öffnen Sie normalerweise am Abend?
   Können Sie mir sagen, …

3 Haben Sie genug Platz für über 50 Personen?
   Ich möchte auch gerne wissen, …

4 Wie viele verschiedene Menüs bieten Sie an?
   Und dann möchte ich noch fragen, …

5 Stellen Sie auch Blumen auf die Tische?
   Und meine nächste Frage ist, …

6 Haben Sie auch Gerichte für Vegetarier?
   Dann möchte ich noch wissen, …

7 Wann genau müssen wir die Einzelheiten festlegen?
   Und meine letzte Frage ist, …

2

Now write an invitation to the event to send out to colleagues and acquaintances.

Schreiben Sie eine Einladung. Verwenden Sie die folgenden Informationen.

- you are invited to my 40th birthday party on 3/11
- it takes place at the Restaurant Römerstuben at 7 pm
- a table for a large number (!) of guests has been booked
- remember to be in a good mood (*viel gute Laune mitbringen*)
- looking forward to your reply

 3

If you receive an invitation to something, you will have to either accept (*die Einladung annehmen*), or decline (*die Einladung ablehnen*). Here is a summary of the phrases you might want to use. You will need some, but not all of them for *Hörabschnitt 14*.

Lesen Sie zuerst diese Sätze. Hören Sie dann Hörabschnitt 14 und sprechen Sie in den Pausen.

Sich für eine Einladung bedanken

- Ich bedanke mich sehr.
- Das ist sehr nett von Ihnen/dir/euch.
- Das freut mich sehr.

Eine Einladung annehmen

- Ich komme gern.
- Ich nehme die Einladung gerne an.

Eine Einladung ablehnen

- Leider kann ich nicht kommen.
- Leider geht das nicht.
- Leider bin ich nicht da.

Einen Grund angeben

- Ich bin im Ausland./… weil ich im Ausland bin.
- Ich habe schon etwas vor.
- Ich habe Karten für's Theater.
- Ich bin im Urlaub.
- Ich bin geschäftlich unterwegs.

Now for some more advice about social life in Germany. You have received an invitation to lunch from your boss.

Sie sprechen darüber mit einem Freund, Horst. Schreiben Sie, was Sie sagen wollen.

das ist nicht angebracht
it's not appropriate

Sie	*(My boss has invited me for lunch on Sunday.)*
Horst	Das ist ja sehr nett von ihr und sicher eine Ehre. Ich war noch nie bei meinem Chef zu Hause.
Sie	*(Yes, but I don't want to make any mistakes.)*
Horst	Worüber machst du dir denn Sorgen?
Sie	*(Whether I should take anything, for example.)*
Horst	Wie alt ist denn deine Chefin?
Sie	*(She celebrated her 60th birthday two weeks ago.)*
Horst	Dann bring ihr doch einen schönen Blumenstrauß mit.
Sie	*(Is it true that in Germany you're supposed to unwrap the flowers before handing them over?)*
Horst	Das kommt darauf an. Normalerweise packt man die Blumen aus, aber wenn sie in einer durchsichtigen Plastikfolie verpackt sind, überreicht man sie so.
Sie	*(Very complicated. And how about a bottle of wine?)*
Horst	Nein, das würde ich nicht machen. Das ist bei dieser Gelegenheit nicht angebracht.
Sie	*(And I can't remember what time she's invited me for.)*

Horst	Dann ruf sie lieber noch einmal an. Wahrscheinlich sollst du irgendwann zwischen zwölf und eins da sein. Und dann solltest du vielleicht so gegen halb drei oder drei wieder gehen – außer sie lädt dich noch zum Kaffee ein. Dann gehst du etwa um fünf, je nachdem.
Sie	*(Do you have any more good advice?)*
Horst	Auf jeden Fall pünktlich sein.
Sie	*(Of course, that's obvious.)*
Horst	Also, ich hoffe, dass es gut geht und denk dran, mir hinterher alles zu erzählen.

5

In case you are still in doubt about how to behave on social occasions in Germany, turn to the article *'Get Strassewise'*, which the Bonn correspondent for the *Financial Times*, David Marsh, wrote in 1990 shortly after reunification. A German version (not an exact translation) for some paragraphs has also been provided.

Lesen Sie zuerst die kurzen Texte auf deutsch und dann den englischen Artikel. Welcher Absatz von „Get Strassewise" passt zu welchem deutschen Text?

umweltfreund-lich
environmentally friendly

der Witz (-e)
joke

a Reden Sie Menschen, die Sie gerade kennen gelernt haben, nie mit Vornamen an, außer Sie sind Mitglied desselben Sportclubs.

b Bemühen Sie sich, ein paar Worte auf Deutsch zu sagen. Entschuldigen Sie sich aber nicht dafür, dass Ihr Deutsch nicht sehr gut ist. Solange Sie kein Fußball-Hooligan oder Flüchtling sind, finden die Deutschen die Engländer ganz nett.

c Schütteln Sie allen die Hand. Kurz winken und „Hallo" sagen ist nicht angebracht, es sei denn, es ist sehr spät abends. Geben Sie keinen Handkuß.

d Nur die Engländer reden gerne über das Wetter, die Deutschen reden lieber über ihre Gesundheit.

e Bringen Sie Blumen mit, wenn Sie eingeladen sind. Packen Sie sie in umweltfreundliches Papier ein.

f Vergessen Sie nicht, dass Deutschland ein traditionsreiches Land ist. Besuchen Sie auf jeden Fall eine Karnevalsveranstaltung, einen Umzug, ein Bier- oder Weinfest.

g Machen Sie keine Witze über das Ozonloch, die Renten, Schwiegermütter oder das Auto Ihres Gastgebers. Witze über deutsche Politiker dagegen sind immer angebracht.

Get Strassewise!

Travellers to Germany may detect a slightly greater self-assuredness among the Germans since November's breaching of the Berlin Wall and the new talk of German reunification.

Overall, however, the Germans remain a misunderstood people, an enigma even to themselves. A visitor will soon discover that only a small selection of clichés about them are true: but which ones? To help you get the best out of the Germans, here is a guide to dealing with them.

1 DO remember to shake hands. Waving your fingers in the air and calling out 'Hi' is not recommended, unless the hour is very late. DO NOT kiss hands unless you are at least two of the following: (a) very confident; (b) completely sober; (c) a count.

2 DO remember that titles are important. If in doubt at a social gathering, call everyone *Herr Doktor*.

3 DO remember to say *Auf Wiedersehen* to travellers in the same railway compartment, even if you have exchanged no words with them during the whole journey. You may also say *Auf Wiedersehen* to bus drivers; they will normally reply. In government buildings between 11 am and 1.30 pm, mutter *Mahlzeit* ('enjoy your meal!') to everyone you see; it is thought companionable.

4 DO NOT call people you have just met (including those in rule three) by their first names unless you happen to be members of the same sports club. DO make an effort to find out the name of their home town and express interest in their regional brewing traditions/walking in the local woods/touring their rebuilt town hall.

5 DO arrive with a good stock of set-piece jokes. In view of the unravelling of Eastern Europe, jokes on East German, Czech and Polish politicians will assure you a hearing. DO steer clear of light-hearted remarks on the following subjects: the ozone layer, Lance missiles, different types of car, German reunification, dead trees, Bismarck, pensions, social security, proportional representation, 'welcome money', hotel bills, Turks, bishops, mothers-in-law and Bismarck.

6 DO make an effort to say at least a few words in German. DO NOT bother, however, to apologise for its lamentable quality. The Germans do not need to be told that you will never master their complex language. So long as you are not a football hooligan or a refugee, the Germans rather like the English; they are considered harmless.

7 DO bear in mind that Germans like to discuss their health. DO NOT look bored when they discuss the availability of thermal baths in the Black Forest. DO consider that, although 'stress' is not a German word, it is one of the most frequently used in the German language.

8 DO bring flowers when invited for tea, dinner, lunch, drinks, or if you need to replace a cup of sugar borrowed from your neighbour. Do wrap them in biodegradable paper.

9 DO NOT be seen near supermarket shelves bearing weedkillers, toothpaste with additives, non-macrobiotic shampoos, high sodium-content mineral water. DO throw batteries, waste paper and glass in the large receptacles placed on street corners by the local council. DO NOT do this after 10 pm or before 7 am: you will be fined for causing a disturbance.

10 DO NOT be afraid to bring up the subject of Hitler and the war. The Germans' views on all this are perfectly straightforward and will take only a few hours to impart.

11 DO bear in mind that Germany is a land of tradition. DO visit at least one local wine fair/carnival procession/church festivity.

12 DO NOT forget that, on such occasions, a large number of the above rules will be suspended under conditions which – to you at any rate – will appear totally incomprehensible.

David Marsh, a former Bonn correspondent for the *Financial Times*.

You have just arrived at a fairly formal party at a colleague's home. According to David Marsh's somewhat subjective views in the article you've just read in Activity 5, which of the following conversation openers might be appropriate?

Was würden Sie auf der Party sagen? Kreuzen Sie an.

1	„Hallo, alle zusammen, ich heiße John."	❏
2	„Küss die Hand, gnädige Frau."	❏
3	„Guten Abend, Smith ist mein Name."	❏
4	„Ich habe Ihnen ein paar Blumen mitgebracht."	❏
5	„Was macht Ihr Knie? Haben Sie noch Schmerzen?"	❏
6	„Mein Deutsch ist leider nicht sehr gut."	❏
7	„Schönes Wetter heute, nicht wahr?"	❏
8	„Letzte Woche habe ich ein Weinfest besucht."	❏
9	„Gibt es in Ihrer Gegend besondere Brautraditionen?"	❏
10	„Kann man hier in der Nähe schöne Waldspaziergänge machen?"	❏
11	„Was sagt denn Ihre Schwiegermutter zu Ihrer neuen Tapete?"	❏
12	„Mahlzeit."	❏
13	„Haben Sie ein natriumarmes Mineralwasser, bitte?"	❏

natriumarm *low in sodium*

Ernährung und Fitness

Thema 6 is about diet, health and fitness. You will consider a variety of topics connected with this theme and learn something about the German health system. A doctor, people at a fitness centre, visitors to a *Kurort* (spa) and a range of other people will talk about their diet, their fitness routines and ways of keeping healthy.

In *Teil 1, Man ist, was man isst,* you will learn about food and diet in Germany and have the opportunity to listen to and read about people describing what they eat. In *Teil 2, Fitness,* you will look at ways of keeping fit and healthy. *Teil 3, Gesundheit,* includes a visit to both a doctor and a pharmacist. You will meet some guests staying at a *Kurort* and learn about their health regimens. You will also look at the life and work of Wilhelm Conrad Röntgen, the German scientist who discovered X-rays. *Teil 4, Wiederholung,* is set aside as usual for revision and consolidation of the work done in *Teile 1–3.* In the sixth episode of *Begegnung in Leipzig,* Sonja causes yet more trouble between Thomas and Bettina, and Bettina has to go to Casualty.

By the end of *Thema 6,* you should be able to talk fairly fluently about diet, health and fitness matters, describe your symptoms to a doctor, ask for medicines at a pharmacist's and give both formal and informal advice on health matters.

Teil 1

Man ist, was man isst

Teil 1 explores the theme of food and diet. A variety of people talk about what they eat and why. In *Lerneinheit 1, Was wir so essen*, you will see the dish *Spätzle* being prepared and hear different people saying what they like eating and how they look after their health. *Lerneinheit 2, Fleisch – nein danke!*, looks at the declining popularity of meat in Germany and considers the pros and cons of a vegetarian diet. *Lerneinheit 3, Auf Diät*, deals with some people who have special dietary requirements.

By the end of *Teil 1*, you should be able to understand other people describing their eating habits and talk about your own. You should be able to express your own food preferences and give reasons for them.

Lerneinheit 1 Was wir so essen

Lerneinheit 1 is all about diet and fitness. People talk about what they eat and how they keep fit, and Frau Frenken, the chef of a well-known local restaurant, makes a famous southern German dish, *Spätzle*.

The first topic is *Talking about food* and the second *What Swabians like to eat*. In the third, *Food likes and dislikes*, you can take part in a dialogue about what you like to eat, and read an extract from a novel by Thomas Mann.

By the end of *Lerneinheit 1*, you should be able to talk about the foods you like and dislike, have learnt how to make a fattening Swabian dish and found out more about the typical Swabian diet and its features.

STUDY CHART

Topic	Activity and resource	Key points
Talking about food	1–2 **Video**	watching people say what they like eating
	3 **Video**	listening to a description of a restaurant in Tübingen
What Swabians like to eat	4 **Video**	learning how to make *Spätzle*
	5 **Video**	writing about what Swabians eat
	6 **Video**	checking you've understood the information about a *Reformhaus*
Food likes and dislikes	7 **Text**	writing about likes, dislikes and preferences
	8 ***Übungskassette***	talking about what you like to eat and drink
	9 **Text**	reading an extract from *Buddenbrooks*

14:09–15:57

Bild links: Renate Baumeister arbeitet Teilzeit als Erzieherin in einem Kindergarten. Sie kommt aus der Nähe von Stuttgart und wohnt jetzt mit ihrer Familie in Tübingen. Die Baumeisters haben drei Kinder: Die älteste Tochter, Lucy (12), war im Video zu Thema 5, *Feiern*, zu sehen.

Bild rechts: Günter Leypoldt ist Germanistik- und Anglistik-Student an der Tübinger Universität, wo er auch einen Teilzeit-Job hat. In seiner Freizeit treibt er viel Sport, und er trinkt gerne mal ein Bier.

Reinhold Gaum

Watch the first part of the video to find out what Reinhold Gaum, Renate Baumeister and Günter Leypoldt like to eat.

Welche der folgenden Lebensmittel werden genannt? Kreuzen Sie an.

Kartoffelsalat	❑	Fisch	❑
Würstchen	❑	Gemüse	❑
Spätzle	❑	Steak	❑
Obst	❑	Eis	❑
Süßigkeiten	❑	Maultaschen	❑
Salat	❑	Fleisch	❑

---

berüchtigt *notorious, infamous*

Spätzle *(pl) soft noodles*

Maultaschen *(pl) a type of ravioli*

auskommen mit *to get by (eating little meat)*

mit Absicht *intentionally*

das Riesenbrummersteak (-s) *not standard usage, here: a whopping great steak*

die Leidenschaft (-en) *passion*

die Sünde (-n) *sin*

die Mensa (Mensen) *students' canteen, refectory*

auf etwas achten *to pay attention to something*

das Ökohaus (¨-er) *wholefood shop*

2

14:09–15:57

Watch the same part of the video again and this time match the people in the video to the statements in the list below. The first one has been done for you. Please note that the statements are not in the order you hear them on the video!

Schreiben Sie die Initialen der Personen.

Wer …

1 isst sehr gern Fleisch? *RG*

2 isst gern Schwäbisches?

3 kocht sehr gern?

4 isst gern Spätzle?

5 mag am allerliebsten die französische Küche?

6 isst gern Kartoffelsalat?

7 isst gern Steaks?

8 versucht, nicht so viel zu essen?

9 achtet nicht viel auf gesundes Essen?

10 versucht, mit wenig Fleisch auszukommen?

18:59–19:59

You are going to visit a well-known restaurant in Tübingen called the Rebstock. In the second part of the video, Frau Margot Frenken, the chef, describes the clientele. What sort of people come to this restaurant?

Beantworten Sie die Frage auf Englisch: Was für Leute besuchen das Restaurant?

das Publikum *clientele*	**Neuigkeiten austauschen** *exchange news, gossip*
die Arbeitskleidung *working clothes*	**uralt** *very old*
sich treffen *to meet*	**die Gaststätte (-n)** *restaurant*

20:00–21:49

In the next section of the video Frau Frenken makes *Spätzle*, a famous southern German dish made from eggs and flour. The different stages are listed below – but not in the right order. Watch carefully what she does. Can you put the different stages into the correct order?

Bitte schreiben Sie 1, 2, 3 usw. neben die Sätze.

der Teig (-e) *dough*	**die Petersilie** *parsley*	**die Zutat (-en)** *ingredient*
die Oberfläche (-n) *surface*	**aufschlagen** (schlägt auf, schlug auf, aufgeschlagen) *to crack open*	**glatt** *smooth*
das Sieb (-e) *sieve*	**die Schüssel (-n)** *bowl*	**braten** (brät, briet, gebraten) *to fry*

- Warten, bis die Spätzle an die Oberfläche kommen.
- Den Teig in ein Spätzlesieb geben.
- Vor dem Servieren mit Petersilie bestreuen.
- Die Eier aufschlagen und in eine Schüssel mit dem Mehl geben.   1
- Den Teig durch das Sieb in kochendes Salzwasser drücken.
- Alle Zutaten vermischen und schlagen, bis ein glatter Teig entsteht.
- Spätzle nach dem Kochen aus dem Wasser nehmen und in etwas Butter braten.

5

21:50–22:16

Now summarise this part of the video, including Dr. Setzler who talks about the traditional Swabian diet.

Verwenden Sie die Stichwörter und machen Sie vollständige Sätze.

Rebstock:	gemischtes Publikum – Arbeiter – Studenten – Professoren – zusammen
Gaststätte:	uralt – berühmt – Spätzle
Spätzle:	typisch – schwäbisch
Gericht:	lecker – kalorienreich
Dr. Setzler:	sagt, dass – schwäbisch – Essen – fett – weil – früher – Leute – körperlich hart arbeiten

WISSEN SIE DAS?

Reformhäuser sind die traditionellen Gesundheitsläden in Deutschland. Sie existieren seit der Lebensreformbewegung um 1890 und führen dieses Zeichen:

Bio-Läden sind eine neue Version. Viele Bio-Läden wurden aufgrund der Öko-Bewegung in den 80er Jahren eröffnet.

6

22:17–24:00

In the last section of the second part of the video for this *Thema* you will see some scenes in a *Reformhaus*.

Sehen Sie sich das Video an und entscheiden Sie: Sind die folgenden Sätze richtig oder falsch? Korrigieren Sie die falschen Sätze.

ausschließlich
exclusively

der Suppen-
würfel (-)
stock cube

die Ergänzung
(-en)
supplement

die Kost *food*

Ballaststoffe (*pl*)
roughage/fibre

	RICHTIG	FALSCH
1 Im Reformhaus kaufen nur alte Leute ein.	☐	☐
2 Manche Leute kaufen nur kleine Sachen im Reformhaus und alles Andere im Supermarkt.	☐	☐
3 Der Kunde kauft Müsli wegen der Ballaststoffe.	☐	☐
4 Der Kunde ist sehr schlank.	☐	☐
5 Die Frau mit dem Kind kauft auch ein Müsli.	☐	☐

EXPRESSING likes, dislikes and preferences

In the video you heard a lot of people talking about what they do and don't like to eat and how they keep healthy. You should already have met expressions with *gern* and *ich mag …, mag nicht …* . Here are some more phrases you can use to express your likes, dislikes and preferences.

Saying what you like

You can put *Lieblings-* in front of a noun to say what your favourite food or drink is, or you can use the phrase *am liebsten*:

Mein Lieblingsessen ist Käse. Am liebsten esse ich Käse.
Mein Lieblingsgetränk ist Sekt. Am liebsten trinke ich Sekt.

You could also say that there is nothing you like better than, for example, chocolate, by using an adjective as a noun:

Es gibt nichts Besseres für mich als Schokolade.
Note the use of the capital letter in *Besseres*.

If you are really enthusiastic about something and want to say, for example, 'There's nothing like a good salad.' you could express it like this:

Es geht doch nichts über einen guten Salat.

Saying what you don't like

If you don't like something you can say:
Vegetarisches Essen schmeckt mir nicht.

If you can't stand something you can use *nicht ausstehen* or *ekelhaft finden*:
Eier kann ich nicht ausstehen.
Rohen Fisch finde ich ekelhaft.

Saying what you prefer

If you prefer one thing to another, there are two main ways of saying this:
Ich trinke lieber Tee als Kaffee.
Ich mag Tee lieber als Kaffee.

Saying what doesn't agree with you

If something doesn't agree with you, you can use *nicht vertragen* or *bekommt mir nicht*:
Kaffee vertrage ich nicht gut.
Ich kann keinen Kaffee vertragen.
Fettes Essen bekommt mir nicht.

7 Fill in the gaps in the statements on page 85 about likes, dislikes and preferences.
Ergänzen Sie Sätze 1–7. Verwenden Sie jedes Wort von der Liste genau einmal.

ausstehen • am • mir • nicht • als • mag • liebsten • lieber • bekommen • Lieblingsgetränk

1 Ich esse _____ Salat _____ Gemüse.

2 Ich esse _____ _____ Forelle und Meeresfrüchte.

3 Ich _____ Gummibärchen und alle Süßigkeiten.

4 Mein _____ ist Rotwein.

5 Ich kann weiche Eier _____ _____ .

6 Eier _____ _____ nicht so gut.

Hörabschnitt 1 on the *Übungskassette* will give you an opportunity to talk about what you like to eat and drink. Listen to the questions and then answer them in German.

Hören Sie sich Hörabschnitt 1 an und sprechen Sie in den Pausen.

9

Thomas Mann, one of five children, was born in 1875 in Lübeck, North Germany. His major works include *Buddenbrooks*, *Der Tod in Venedig*, *Der Zauberberg* and the trilogy *Joseph und seine Brüder*. Thomas Mann was awarded the Nobel Prize for Literature in 1929. Below is an extract from his first novel *Buddenbrooks* which appeared in 1901 and was a great success. The book was later banned by Hitler, and copies of it were burned.

Buddenbrooks chronicles the lives of four generations of a Hanseatic merchant family. This extract describes a typical regional dish prepared by Antonie (Tony) Grünlich (née Buddenbrook) for a visiting clergyman. The fat clergyman's appetite was the subject of general hilarity, but even he seems to be defeated by the *Specksuppe*, or bacon broth.

Lesen Sie den Text und kreuzen Sie bitte an.

die Wirtschaft
here: household

heimtückisch
mischievous(ly)

säuerlich *sour,*
tart

das Kraut
cabbage

das Mittagsmahl
(-e) *midday*
meal

die Pflaume (-n)
plum

die Backbirne
(-n) *dried pear*

die Rübe (-n)
turnip

genießen
(genoss,
genossen) to
enjoy

hineinrühren *to*
stir in

Zuweilen, wenn die Konsulin an Migräne litt, war es Madame Grünlichs Sache, die Wirtschaft zu besorgen und das Menü zu bestimmen. Eines Tages, als eben ein fremder Prediger, dessen Appetit die allgemeine Freude erregte, im Hause zu Gast war, ordnete sie heimtückisch Specksuppe an, das städtische Spezialgericht, eine mit säuerlichem Kraute bereitete Bouillon, in die man das ganze Mittagsmahl: Schinken, Kartoffeln, saure Pflaumen, Backbirnen, Blumenkohl, Erbsen, Bohnen, Rüben und andere Dinge mitsamt der Fruchtsauce hineinrührte, und die niemand auf der Welt genießen konnte, der nicht von Kindesbeinen daran gewöhnt war.

„Schmeckt es? Schmeckt es, Herr Pastor?" fragte Tony beständig … „Nein? O Gott, wer hätte das gedacht!" Und dabei machte sie ein wahrhaft spitzbübisches Gesicht und ließ ihre Zungenspitze, wie sie es zu tun pflegte, wenn sie einen Streich erdachte oder ausführte, ganz leicht an der Oberlippe spielen.

Der dicke Herr legte mit Ergebung den Löffel nieder und sagte arglos: „Ich werde mich an das nächste Gericht halten."

**von Kindes-
beinen an**
from childhood

spitzbübisch
roguish

der Streich (-e)
trick

**die Zungen-
spitze (-n)** *tip
of the tongue*

die Ergebung
resignation

arglos *guileless(ly)*

1 Which of the following ingredients are used to make the *Specksuppe*? Put a cross against those which are mentioned in the extract.

peas	❏	broccoli	❏	onions	❏	turnip	❏
sultanas	❏	ham	❏	cabbage	❏	oranges	❏
apples	❏	dried pears	❏	plums	❏	parsnip	❏
carrots	❏	beans	❏	potatoes	❏	cauliflower	❏

2 How does Tony deal with the situation?
  a with courtesy ❏
  b with roguish good humour ❏
  c with polite indifference ❏

3 How does the clergyman deal with the situation?
  a with ill-concealed irritation ❏
  b with great disappointment ❏
  c with resigned politeness ❏

Lerneinheit 2 Fleisch – nein, danke!

In Lerneinheit 2 you will find out more about meat consumption in Germany and follow a discussion on the pros and cons of vegetarianism. There are two topics: *Meat vs. veg.* and *Giving your opinion*.

  You will learn expressions for giving your opinion, as well as agreeing and disagreeing. By the end of *Lerneinheit 2*, you should be able to discuss issues to do with healthy eating in German.

STUDY CHART

Topic	Activity and resource	Key points
Meat vs. veg.	**1 Text**	checking you understand the vocabulary for meat and poultry
	2 Text	reading a newspaper article about meat consumption
Giving your opinion	**3 Text**	working out which arguments are for and which against meat eating
	4–5 *Übungskassette*	sorting out who says what in a discussion
	6 Text	practising using *ich glaube, dass …*
	7 Text	practising using *meiner Meinung nach …*
	8 *Übungskassette*	practising agreeing and disagreeing
	9 *Übungskassette*	giving your own opinion

I

Reinhold Gaum, whom you saw in the video in *Lerneinheit 1*, is a lover of *Riesenbrummersteaks*, and described eating meat as his sin, *meine Sünde*. But what is the general trend in Germany? Before reading the article on meat consumption in Germany in Activity 2, here are some words for meat products mentioned in the article. Which ones are *Fleisch* (meat) and which ones are *Geflügel* (poultry)?

Fleisch oder Geflügel? Bitte machen Sie zwei Listen. Verwenden Sie Ihr Wörterbuch, wenn Sie nicht sicher sind.

Schwein • Rind • Gans • Ziege • Pferd • Ente • Huhn • Schaf

2

Here is an article about meat production and recent changes in consumer behaviour in Germany.

Bitte lesen Sie den Artikel und notieren Sie dann Informationen über Fleischproduktion und Tierkrankheiten.

Fleisch ist out
Fleischkonsum in Deutschland gesunken: Fleischereien fürchten um ihr Geschäft. Bericht auf Seite 7.

Kein Profit mit Fleisch

der Rückgang
decrease

zurückgehen
(geht zurück, ging zurück, ist zurückgegangen) *to go down, decrease*

der Anstieg
increase

ansteigen (steigt an, stieg an, ist angestiegen) *to increase*

die Gesamterzeugung
overall production

Die Konsument-innen in Deutschland greifen immer weniger häufig zu Fleischprodukten. Vom Statistischen Bundesamt in Wiesbaden erfuhr man gestern, dass die Gesamterzeugung von Fleisch in der Bundesrepublik 1994 gegenüber dem Vorjahr um 4,5% auf 5.132.900 Tonnen zurückging. Vor allem beim Rindfleisch hat die Angst der Konsumenten vor dem Rinderwahnsinn (BSE) für ein Minus in der Bilanz der Fleischkonzerne gesorgt. 1994 wurde 9,5% weniger Rindfleisch produziert als im Vorjahr. Und auch die Schweinepest blieb nicht ohne Folgen: 2,5% betrug hier der Rückgang. Die Produktion von Schaf-, Ziegen- und Pferdefleisch ging ebenfalls um 2,5 % zurück.

Werden die Deutschen ein Volk von Vegetarier/innen? Die Antwort ist ein klares „Nein". Bei aller Besorgnis über Rinderwahnsinn, Schweinepest und andere Krankheiten greifen die Käufer/innen heute nicht unbedingt zur vegetarischen Pizza oder zur Bio-Kost. Hühner, Enten und Gänse waren die Favoriten, vor allem im Weihnachtsmonat Dezember. 10% mehr Geflügelfleisch als im Vorjahr wurden zum Verkauf fertig gemacht – insgesamt 51 900 Tonnen.

In Ostdeutschland dagegen boomt der Verkauf von Rind- und Schweinefleisch. In der Ex-DDR, wo jahrzehntelang Grünzeug und Kartoffeln zum Sattwerden aufgetischt wurden, ist die Fleischproduktion erneut angestiegen.

I Fleischproduktion

Wie viel Prozent mehr oder weniger wurde produziert? Bitte ergänzen Sie die Zahlen.

Fleisch insgesamt – 4,5 %

Rindfleisch

Schweinefleisch

Schaf-, Ziegen- und Pferdefleisch

Geflügel

2 Tierkrankheiten

Welche zwei Tierkrankheiten werden im Artikel genannt?

_____

_____

3 Vergleich mit Ostdeutschland

Was ist in Ostdeutschland anders als in Westdeutschland?

3

In the following activities you will be looking at issues to do with vegetarianism and the language people use when arguing for or against eating meat.

Welche dieser Argumente sind für oder gegen den Konsum von Fleisch?
Schreiben Sie entweder „pro" oder „kontra" neben jeden Satz.

das Eiweiß
protein

lebensnot-
wendig _vital_

der Getreide-
anbau
cultivation of cereals

die Rinderzucht
cattle breeding

die Nahrungs-
kette (-n) _food chain_

1 Fleisch enthält viel Eiweiß. _pro_

2 Fleisch enthält lebensnotwendige Vitamine.

3 Die Tierhaltung und der Tiertransport sind oft inhuman. _kontra_

4 Tiere fühlen Schmerz und Angst genau wie Menschen.

5 Fleischgerichte schmecken gut.

6 Durch Getreideanbau können mehr Menschen auf der Welt satt werden als durch Rinderzucht.

7 Fleisch gibt Kraft.

8 Tiere bekommen zu viele Hormone; es ist ungesund, dann das Fleisch zu essen.

9 Viele Tiere haben Krankheiten, z.B. Rinderwahnsinn oder Schweinepest.

10 Menschen essen Tiere und Tiere fressen andere Tiere oder Pflanzen. Das ist die Nahrungskette.

11 Wer viel Fleisch isst, hat mehr Probleme mit Herzkrankheiten, Bluthochdruck oder mit dem Cholesterin.

 4

In _Hörabschnitt 2_ Frau Sonnenberg and her 18-year-old son Peter are taking part in a radio debate about how healthy it is to eat meat.

Hören Sie die Debatte und beantworten Sie die Fragen.

1 Was denkt Frau Sonnenberg und was denkt Peter Sonnenberg? Bitte kreuzen Sie an.

   a Frau Sonnenberg denkt   ❏ Fleisch ist gesund.

                                   ❏ Fleisch ist nicht gesund.

   b Peter Sonnenberg denkt   ❏ Fleisch ist gesund.

                                   ❏ Fleisch ist nicht gesund.

2 Welche der Argumente von Übung 3 verwenden Frau Sonnenberg und ihr Sohn? Machen Sie zwei Listen.

SAYING what you think

Here is a list of different ways of agreeing, disagreeing and saying you are not sure, so that you can revise ways of giving an opinion. A number of these phrases are used by Frau Sonnenberg and her son in their debate in Activity 4. Study the list – you will then use it to help you complete Activity 5.

Giving your opinion

Ich denke, … (… Gemüse ist gesund.)
Ich glaube, … (… Fleisch ist gesund.)
Ich glaube, dass … (… Gemüse gesund ist.)
Ich glaube nicht, dass … (… Fleisch gesund ist.)
Ich bin der Meinung, dass … (… Fleisch nicht gesund ist.)
Meiner Meinung nach … (… ist Fleisch nicht gesund.)

Agreeing

Ich stimme (dir/Ihnen) zu.
Ich bin der gleichen Meinung.
Das glaube ich auch.
Das ist auch meine Meinung.

Disagreeing

Ich stimme (dir/Ihnen) nicht zu.
Ich bin anderer Meinung.
Das glaube ich nicht.
Das finde ich nicht richtig.
Das ist Unsinn!

Saying you're not sure

Ich bin mir nicht sicher.
Ich weiß nicht so recht.
Ich habe keine Meinung dazu.
Ich bin über das Thema nicht so gut informiert.

  Now listen again to Frau Sonnenberg and her son in *Hörabschnitt 2*, concentrating this time on the language they use to express their opinions.

Schauen Sie sich die Liste oben an, und kreuzen Sie alle Ausdrücke an, die Sie hören.

USING *ich glaube* and *ich glaube, dass …*

One way of giving your opinion, as you saw in the list above, is to use *ich glaube*, as in „*Ich glaube, Fleisch schmeckt gut*".

This is perhaps the easiest way, but often people use this phrase plus the conjunction *dass*, which sends the verb to the end of the clause:

Ich glaube, dass Fleisch gut schmeckt.
Ich glaube nicht, dass Fleisch gut schmeckt.

Now try practising the *ich glaube, dass …* construction.

Schreiben Sie jetzt Ihre eigene Meinung. Verwenden Sie „ich glaube, dass …"
oder „ich glaube nicht, dass…".

1 Fleisch ist gesund. Ich glaube, dass Fleisch gesund ist.
2 Der Rinderwahnsinn ist ein großes Problem. Ich glaube nicht, dass der Rinderwahnsinn ein großes Problem ist.
3 Fleisch ist fast immer voller zusätzlicher Hormone.
4 Die Tiertransporte sind inhuman.
5 Man muß Fleisch essen, um gesund zu bleiben.
6 Die meisten guten Gerichte sind Fleischgerichte.
7 Tiere fühlen Schmerz und Angst genauso wie Menschen.
8 Es ist langweilig, immer nur Gemüse zu essen.
9 Es ist Teil der Nahrungskette, dass Menschen Tiere essen.

 Now read the following statements and say which ones you agree with. Remember to use inverted word order after *meiner Meinung nach.*

Wählen Sie vier Aussagen und machen Sie Sätze mit „meiner Meinung nach …".

- Es ist nicht so wichtig, was man isst.
- Vor allem junge Leute brauchen auch Fleisch.
- Fisch und Milchprodukte sind gute Alternativen.
- Vegetarisches Essen schmeckt gut.
- Vegetarier leben gesünder.
- Wir essen zuviel Fleisch.
- Man kann gut ohne Fleisch leben.
- Man muss beides essen: Fleisch und Gemüse.
- Vegetarisches Essen ist langweilig.

 In the next activity you will be asked to agree or disagree with statements you hear. First try practising the phrases you will need on their own.

In Hörabschnitt 3 hören Sie die folgenden englischen Ausdrücke. Sprechen Sie
auf Deutsch in den Pausen.

- I agree. Ich stimme zu.
- That's nonsense!
- I'm not sure.
- I'm of a different opinion.
- I'm not well enough informed about the topic.
- I don't think that's right.

In *Hörabschnitt 4* you are given the opportunity to voice your own opinion.

Hören Sie fünf weitere Aussagen zum Thema Fleischkonsum und sagen Sie Ihre Meinung auf Deutsch. Verwenden Sie die Ausdrücke von Übung 8.

Sie hören: Es ist ungesund, regelmäßig Fleisch zu essen.

Sie sagen: Ich stimme zu. oder Das ist Unsinn.

Lerneinheit 3 **Auf Diät**

Lerneinheit 3 is about eating needs – whether you are just eating for pleasure, trying to lose weight or need to eat special foods for medical reasons. You will also see some typical German food and watch some of the staff at work in Auerbachs Keller on the video. There are two topics in *Lerneinheit 3*: *Eating out in Leipzig* and *Following a special diet*.

As well as looking at diet, you will practise the modal verbs *dürfen, sollen, müssen, wollen* and *können* and learn how to ask for advice about diet and health.

Topic	Activity and resource	Key points
Eating out in Leipzig	**1 Video**	watching the video about eating in Leipzig
	2–4 Video	checking you've understood the video
Following a special diet	**5 Text**	translating a day's menu
	6 *Übungskassette*	listening to accounts of two different diets
	7 *Übungskassette*	summarising the interviews
	8–9 Text	practising modal verbs

In the third part of the video for this *Thema* you will see some lunchtime scenes in Leipzig.

24:06–24:55   *Welche der folgenden Speisen und Getränke sehen Sie auf dem Video? Kreuzen Sie an. Verwenden Sie Ihr Wörterbuch, wenn Sie nicht sicher sind.*

Bratwürste	❑	eine Tüte Pommes frites	❑
einen Teller Nudeln	❑	Gebäck	❑
Kuchen	❑	ein belegtes Brot	❑
eine Tasse Kaffee	❑	Brot	❑
Brötchen	❑	Sauerkraut	❑

2

24:06–24:55

Spielen Sie denselben Video-Abschnitt noch einmal und beantworten Sie die folgenden Fragen auf Deutsch.

1 Wo kann man eine Bratwurst kaufen?

2 Wo kann man einen Teller Nudeln essen?

3 Was ist das beliebteste Geschäft und warum?

Kurt Hensch ist seit 25 Jahren Koch im Auerbachs Keller. Er wohnt in einem Haus am Rande von Leipzig, wo er viel im Garten arbeitet. Seine Freizeit verbringt er gern mit seinen Kindern und Enkelkindern.

3

24:56–27:13

In the next part of the video you will see an interview with Kurt Hensch, the head chef in Leipzig's most famous restaurant, Auerbachs Keller. You will see Herr Hensch making a traditional dish, *Leipziger Allerlei*.

Spielen Sie das Video und entscheiden Sie: Sind die Sätze 1–5 richtig oder falsch? Kreuzen Sie bitte an.

	RICHTIG	FALSCH
1 Herr Hensch arbeitet seit 25 Jahren im Auerbachs Keller.	❑	❑
2 Goethes *Faust* hat den Auerbachs Keller berühmt gemacht.	❑	❑
3 Leipziger Allerlei ist ein Fleischgericht.	❑	❑
4 Leipziger Allerlei ist eine regionale Spezialität.	❑	❑
5 Man kann Leipziger Allerlei zu allen Jahreszeiten bekommen.	❑	❑

---

die Küchenbrigade (-n) *here: kitchen staff (expression used in the former east Germany)*

begründen *to found*

der Ursprung (¨e) *origin*

der Krebs (-e) *crab*

die Morchel (-n) *morel fungi (variety of mushroom)*

die Zuckererbse (-n) *mange-tout*

4

24:56–27:13

Schauen Sie sich das Video noch einmal an. Was verwendet Herr Hensch für sein Leipziger Allerlei? Kreuzen Sie die richtigen Zutaten an.

Möhren	❑	Artischocken	❑	Krebs	❑
Rettich	❑	Blumenkohl	❑	Kartoffeln	❑
Hummer	❑	Zuckererbsen	❑	Morcheln	❑

Auerbachs Keller serves food for special occasions. What about more everyday food? And, in particular, what about food for people who need special diets? Frau Müller is an elderly lady who has been told to make sure that she is eating a balanced and nutritious diet.

Bitte übersetzen Sie Frau Müllers Speiseplan für Donnerstag ins Englische.

DONNERSTAG

Frühstück	Haferflocken mit 1 Becher Joghurt, ½ Vollkornbrötchen mit Käse, ½ Vollkornbrötchen mit Butter und Marmelade
Zweites Frühstück	1 Scheibe Graubrot mit gekochtem Schinken
Mittagessen	Naturreis mit gebratenem Rinderhack, Mischgemüse Bananenquark
Nachmittagskaffee	1 Stück Obst
Abendessen	2 Scheiben Graubrot mit rohem Schinken und Emmentaler Käse

  In *Hörabschnitt 5* you can hear two people talking about their special diets. Herr Baldes is overweight and Frau Gernot has diabetes.

Hören Sie zuerst Herrn Baldes und beantworten Sie die Fragen auf Deutsch.

Übergewicht haben *to be overweight*

Diabetes haben (= zucker-krank sein) *to suffer from diabetes*

 1 Wie viel Übergewicht hat Herr Baldes?
 2 Wie viele Kalorien darf er pro Tag zu sich nehmen?

Hören Sie jetzt Frau Gernot und korrigieren Sie die Sätze 3–8. In jedem Satz ist ein Fehler.

 3 Frau Gernot hat Arthritis. Das ist nicht richtig! Frau Gernot hat Diabetes.
 4 Frau Gernots Vater und ihr Onkel waren auch zuckerkrank.
 5 Sie muss regelmäßig Tabletten nehmen.
 6 Bananen und Äpfel enthalten zuviel Zucker.
 7 Fisch und Geflügel soll Frau Gernot nicht essen.
 8 Frau Gernot isst viermal am Tag eine kleine Mahlzeit.

Hören Sie Hörabschnitt 5 noch einmal und schreiben Sie eine Zusammenfassung des Interviews mit Frau Gernot. Die Zusammenfassung für Herrn Baldes wurde schon geschrieben.

Herr Baldes hat Übergewicht. Er kann essen, was er will, aber er darf nicht mehr als 1 000 Kalorien pro Tag essen.

Frau Gernot hat Diabetes. Sie …

USING modal verbs

Here is a list of modal verbs (you have come across *mögen* before, so it is not included here), an explanation of what they mean and how you might use them in a sentence.

	können	**müssen**	**sollen**	**wollen**	**dürfen**
ich	kann	muss	soll	will	darf
du	kannst	musst	sollst	willst	darfst
er/sie/es	kann	muss	soll	will	darf
wir	können	müssen	sollen	wollen	dürfen
ihr	könnt	müsst	sollt	wollt	dürft
Sie	können	müssen	sollen	wollen	dürfen
sie	können	müssen	sollen	wollen	dürfen

Können means 'can, be able to':
Ich kann soviel essen, wie ich will.
Ich bin satt. Ich kann nichts mehr essen!
Meine kleine Tochter kann schon bis zehn zählen.

Müssen means 'must, have to':
Ich muss viel Gemüse essen.

Note that if *müssen* is used in the negative, it means 'don't have to':
Ich muss keine Tabletten nehmen.
Zum Glück muss ich nicht ins Krankenhaus!

Sollen means 'to be supposed to' or 'shall' when making a suggestion:
Mein Arzt sagt, ich soll viel Gemüse essen.
Ich soll nicht so viel arbeiten.
Sollen wir morgen ins vegetarische Restaurant gehen?

Wollen means 'want to':
Wir wollen morgen ins Kino gehen. Kommst du mit?
Ich will nicht so viel essen.
Nein danke, ich will keinen Wein mehr.

CONTINUED

Dürfen means 'may, be allowed to':

Ich darf Äpfel essen, aber keine Bananen.

Note that if *dürfen* is used in the negative, it means 'not allowed to, must not':

Ich darf nicht rauchen.

Ich darf keinen Alkohol trinken.

Modal verbs have a number of features in common: they are all irregular (and all show a similar pattern of irregularity) and they usually come with another verb, for example, *ich muss viel trinken*. Note how the second verb always goes to the end of the sentence:

Ich bin zu dünn. Ich *muss* zum Frühstück jeden Morgen einen Teller Müsli, eine große Banane, zwei Scheiben Brot mit Honig, ein Vollmilchjoghurt und ein gekochtes Ei *essen*.

In some cases it is possible to leave out the second verb. This only happens when the meaning of the sentence is quite clear and the second verb isn't necessary:

Soll ich dir helfen? Nein, ich kann das alleine (machen)!

Was machst du morgen? Ich muss zum Arzt (gehen).

Frau Gernot: Was darf sie nicht (essen)?

---

8 This activity will give you some practice in the use of the modals.

Schreiben Sie die richtige Form von „können".

1 _____ du bitte einen Moment herkommen?

2 Der Vesuv _____ jederzeit wieder ausbrechen.

3 _____ Sie das bis nächste Woche erledigen?

Schreiben Sie die richtige Form von „müssen".

4 Schwangere Frauen _____ regelmäßig zur Kontrolluntersuchung zum Arzt gehen.

> **schwanger**
> *pregnant*

5 Wer ein Auto kauft, _____ auch eine Versicherung abschließen.

6 Du kannst das machen, wenn du willst, aber du _____ nicht!

Schreiben Sie die richtige Form von „sollen".

7 Claudia hat gesagt, wir _____ sie mal in ihrer neuen Wohnung besuchen.

8 Ich weiß nicht, was _____ es bedeuten, dass ich so traurig bin?

9 Du _____ nicht töten.

Schreiben Sie die richtige Form von „wollen".

10 _____ ihr lieber zu Hause essen oder in die Pizzeria gehen?

11 Die Sieberts _____ morgen gegen fünf Uhr hier vorbeikommen!

12 _____ du mit mir um die Welt reisen?

Schreiben Sie die richtige Form von „dürfen".

13 Frau Gernot und Herr Baldes _____ nicht viele Süßigkeiten essen.

14 _____ ich mich vorstellen? Mein Name ist Baldes.

15 In einem demokratischen Staat _____ die Bürger offen ihre Meinung sagen.

9

Now decide which modal verbs are missing in the text below. In some cases, there is more than one possibility.

Bitte setzen Sie die Modalverben ein.

---

der Maracuja-saft (¨e)
passion fruit juice

Immer mehr Restaurants stellen ihre Speisekarten um, so dass auch Gäste, die eine spezielle Diät einhalten _____ , dort essen _____ . In Deutschland gibt es eine steigende Zahl von Diabetikern, die keinen Zucker essen _____ , aber dennoch auf den Café-Besuch am Sonntagnachmittag nicht verzichten _____ . Mindestens eine Sorte Diabetiker-Kuchen wird deshalb in vielen Cafés und Gaststätten angeboten, denn natürlich _____ kein Restaurantbesitzer seine Stammkunden verlieren. In zeitgemäßen Restaurants _____ jetzt auch Vegetarier unter vielen geeigneten Gerichten auswählen (in traditionellen Gaststätten dagegen _____ sie oft nach wie vor Champignonomelette mit gemischtem Salat bestellen!). Und wer aus irgendeinem Grund keinen Alkohol trinken _____ , findet heute meist nicht nur Mineralwasser, Cola und Orangensaft auf der Speisekarte, sondern auch Kirsch- oder Maracujasaft und natürlich alkoholfreies Bier.

Checkliste

By the end of *Teil I* you should be able to

○ understand what people like and don't like to eat
(*Lerneinheit 1*, Activities 2 and 7)

Seiten 81 & 84

○ understand and summarise information about German
food and diet, as well as regional specialities
(*Lerneinheit 1*, Activities 4–6; *Lerneinheit 2*, Activity 2;
Lerneinheit 3, Activities 3–4)

Seiten 82–83; 87; 92

○ say what you prefer to eat (*Lerneinheit 1*, Activity 8)

Seite 85

○ understand arguments for and against a vegetarian diet
(*Lerneinheit 2*, Activities 3–5)

Seiten 88–89

○ state your own opinion, and agree or disagree with the
opinions of others (*Lerneinheit 2*, Activities 6–9)

Seiten 90–91

○ talk about special dietary needs (*Lerneinheit 3*,
Activities 5–7 and 9)

Seiten 93–94 & 96

○ use and understand modal verbs in the present tense
(*Lerneinheit 3*, Activities 7–9)

Seiten 94–96

Fitness

Teil 2 considers the topic of fitness. In *Lerneinheit 4, Trimm dich*, people describe how they keep fit and say why they took up a particular sport. Most of *Lerneinheit 5, Im Fitnesszentrum*, is based in a fitness centre. *Lerneinheit 6, Stress und Erholung*, considers ways of combatting stress and coping with the trials and tribulations of everyday life.

By the end of *Teil 2*, you should be able to talk about how you keep fit and understand others talking about their fitness routines. You should also be able to follow instructions, write a letter asking about facilities on offer at a fitness centre and be better able to use complex sentences .

Lerneinheit 4 Trimm dich

In *Lerneinheit 4* you will see and hear people talking about whether they do sports or not and why. You will also watch some people on the video describing how they keep fit and later you will describe what you do.

By the end of *Lerneinheit 4*, you will be able to talk about taking part in sports and about your own interests. You will have practised using idiomatic expressions and expressions to do with time.

Topic	Activity and resource	Key points
Keeping fit	1 **Video**	listening to people talking about keeping fit
	2 **Video**	transcribing idiomatic expressions
	3 **Text**	practising using *um … zu …*
Sport for all	4 **Text**	revising sports vocabulary
	5 **Text**	translating time expressions
	6–7 *Übungskassette*	listening to a doctor's fitness routine
	8 *Übungskassette*	talking about your fitness routine
Choosing the right routine	9 **Text**	choosing sports centres for different people
	10 **Text**	practising *weil*
	11 **Text**	writing about a visit to a fitness centre

Teil 2

STUDY CHART

15:58–18:53

Go back to the first part of the video and watch the five people talking about health and fitness, starting with Renate Baumeister.

Schauen Sie sich das Video an. Für welche Person treffen die Aussagen 1–10 zu: Renate Baumeister, Johanna Schmidt, Alice Kurz, Katrin Hart oder Professor Wolfgang Rotzsch? Schreiben Sie die Initialen der Person neben jede Aussage.

der Muskelkater
aching muscles (after doing sport)

Herz- und Kreislaufer- krankungen
cardio-vascular diseases

Johanna Schmidt arbeitet als Reiseleiterin in ihrer Geburtsstadt Leipzig. Sie ist 69 Jahre alt und verwitwet. In ihrer Freizeit geht sie schwimmen, fährt Fahrrad und geht spazieren.

Katrin Hart ist Schauspielerin im „academixer''-Kabarett in Leipzig. Sie kommt aus Rostock, einer Stadt an der Ostseeküste, und lebt seit 1969 in Leipzig. Ihr Mann, Jürgen Hart, ist ebenfalls Schauspieler im Kabarett. Frau Hart hat zwei Kinder. Sie treibt gerne Sport und ist politisch sehr engagiert.

Wolfgang Rotzsch ist Professor für klinische Chemie und Laboratoriumsdiagnostik an der Universität von Leipzig und Direktor des Seniorenkollegs. Herr Rotzsch wurde 1930 in Meißen geboren und kam 1948 als Medizinstudent nach Leipzig.

1　Ich treibe Sport, um für meine Kinder fit zu bleiben.　RB

2　Ich treibe ganz aktiv Sport.

3　Ich mache Yoga, um neue Lebenskraft zu bekommen.

4　Ich brauche den Sport, weil mein Alltag stressig ist.

5　Ich fahre viel Fahrrad, aber wenn das Wetter schlecht ist, laufe ich.

6　Ich habe Muskelkater, weil ich acht Monate keinen Sport gemacht habe.

7　Gesundheit ist wichtig, weil man sich wohl fühlen muss, um etwas zu machen, z.B. um anderen zu helfen.

8　Man sollte etwas für die Gesundheit tun, weil es schön ist, gesund zu sein.

9　Ich versuche Sport zu treiben, weil ich sehr viel in der Bibliothek sitze.

10　Wir machen Cholesterin-Screening, um Herz- und Kreislauferkrankungen frühzeitig zu erkennen.

2

16:32–17:18

Now listen to one of the five people, Alice Kurz, in more detail and concentrate on the colloquial and idiomatic language she uses.

Sehen Sie sich den Videoabschnitt mit Alice Kurz noch einmal an und setzen Sie die fehlenden Ausdrücke in den Text ein. (In Klammern finden Sie die englischen Übersetzungen.)

Ähm, ich habe jetzt wieder nach acht Monaten angefangen, Sport zu machen. Und letzte Woche war _____ (the first time) und ich fühl' mich absolut – _____ (I really do ache). Und gestern war ich auch wieder und jetzt ist der Muskelkater einigermaßen vorbei, aber ich versuche schon, _____ (at least once a week) _____ (some type of sport) zu machen, denn _____ (you do sit in the library a lot). Und da krieg' ich auch _____ (sometimes) Kreuzschmerzen. Deshalb denke ich, dass es _____ (not a bad idea) ist, _____ (every now and again), was zu machen. _____ (but apart from that), also außer diesem „Unifitness", wie es heißt, mach' ich keinen Sport mehr.

3

On the video people spoke about why they do various sports. Now practise giving reasons for something using the expression *um … zu …* which you have met before.

Schreiben Sie fünf Sätze, die Alice Kurz vielleicht sagen würde. Verwenden Sie „um … zu …".

> fit bleiben • etwas gegen meine Rückenschmerzen tun • neue Kraft bekommen • neue Leute treffen • nicht den ganzen Tag in der Bibliothek sitzen • gesund bleiben • Spaß haben

Ich treibe viel Sport , um … zu …

4

This activity will help you revise the German words for various sports.

Ordnen Sie die Sportarten den Bildern zu. Schreiben Sie den richtigen Buchstaben neben jede Sportart.

I	Laufen	7	Radfahren
2	Schwimmen	8	Kanufahren
3	Wandern	9	Kegeln
4	Skifahren	10	Gewichtheben
5	Bogenschießen	11	Segelfliegen
6	Fallschirmspringen	12	Drachenfliegen

USING expressions of time

Here is a reminder of some time expressions which you can use to talk about how often you do a particular sport. Read through the list to check that you understand them all; you will need them for Activity 5.

Ich schwimme ...

... *oft/regelmäßig/manchmal.*

... *nicht sehr oft/zu wenig/fast nie/selten.*

... *jeden Tag/alle drei Tage.*

... *nur am Wochenende/im Urlaub.*

... *einmal im Monat.*

... *zweimal in der Woche/die Woche.*

... *dreimal am Tag.*

... *im Januar/im Februar.*

... *im Frühling/im Sommer/im Herbst/im Winter.*

... *morgens/nachmittags/abends.*

... *wochentags/sonntags/am Dienstag.*

5 *Schreiben Sie den deutschen Ausdruck neben die englische Übersetzung.*

1 in summer	10 in January	18 on Tuesday
2 on Sundays	11 in the morning	19 on holiday
3 in the evening	12 on weekdays	20 in February
4 every third day	13 three times a day	21 sometimes
5 seldom	14 only at the weekends	22 not very often
6 often	15 regularly	23 in the afternoon
7 every day	16 almost never	24 too little
8 in autumn	17 twice a week	25 in spring
9 once a month		26 in winter

 6 In *Hörabschnitt 6* Dr. Berger describes his fitness routine.

Hören Sie Hörabschnitt 6 und schauen Sie sich noch einmal die Sportarten in Übung 4 an. Welche Sportarten nennt Dr. Berger?

die Koronarsportgruppe (-n) *sport group for patients with coronary problems*

 7 *Wie oft treibt Dr. Berger Sport? Hören Sie Hörabschnitt 6 noch einmal und schreiben Sie a, b oder c neben jede Sportart.*

1 Schwimmen   **a** im Urlaub

2 Radfahren   **b** am Wochenende

3 Wandern   **c** einmal die Woche

4 Koronarsportgruppe

5 Skifahren

8   Now take part in an interview about how often you do sport.

Hören Sie Hörabschnitt 7 und sprechen Sie in den Pausen.

 9   In Activities 9 and 10 you will choose and recommend sports centres for these people.

Lesen Sie zuerst die drei Anzeigen. Entscheiden Sie dann, welche der drei Sporteinrichtungen für die folgenden Personen am besten geeignet ist. Schreiben Sie a, b, oder c neben jede Person.

---

das Becken (-)
pool

die Wellen-phase (-n)
periodic waves

die Kinder-betreuung
child care

allmählicher Gewichts-verlust *gradual weight loss*

die Beratung
advice, consultation

---

a

> Mal wieder schwimmen gehen …
>
> Spaß macht's der ganzen Familie im neuen Aqua-Zentrum!
>
> - beheiztes 25 m Becken
> - Wellenphase
> - Whirlpool
> - Kinderbetreuung
> - Tropen-Café
> - auch Schwimmunterricht

c   **Fitness für Faule**

Gewicht verlieren auf die bequeme Art

In Friedas Fitness-Studio

◊ sanfte Gymnastik
◊ allmählicher Gewichtsverlust
◊ Ernährungsplan
◊ Gesundheits-Check
◊ persönliche Beratung

b

> Komm zum Kegeln!
>
> Entspannen, neue Leute treffen und Spaß dabei haben
>
> *Kaisers Kegelbahn* (im Keller von Kaisers Bierstube)
>
> Für fröhliche Kegler aller Altersgruppen, Sondertarif für Senioren am Vormittag

I   Sylvia Hahn ist Hausfrau. Sie ist 30 Jahre alt und hat zwei kleine Kinder.

2   Herr Thomas ist Geschäftsführer einer kleinen Firma. Er ist Mitte Vierzig, hat 10 Kilo Übergewicht und hatte lange keine Zeit mehr für Sport.

3   Frau Meyer ist 60 Jahre alt und seit zwei Jahren verwitwet. Seitdem lebt sie allein mit ihrem Hund in einer Zweizimmerwohnung. Manchmal fühlt sie sich ein bisschen einsam und möchte neue Leute kennen lernen.

10   *Machen Sie jetzt drei vollständige Sätze. Sie müssen dazu die Sporteinrichtung ergänzen und die Wortstellung nach „weil" korrigieren.*

I   Für Sylvia Hahn empfehle ich _____ , weil – kann – sie – Kinder – mitbringen – ihre.

2   Für Herrn Thomas empfehle ich _____ , weil – sanfte – machen – man – Gymnastik – kann – dort.

3 Für Frau Meyer empfehle ich _____ , weil – treffen – sie – neue – dort –

kann – Leute. Sie bekommt als Seniorin auch einen Sondertarif.

Yesterday Herr Thomas went to Friedas Fitness-Studio to work out a fitness programme with the health adviser (*die Beraterin*) as he wants to lose weight. Write an account of what happened there as if you were Herr Thomas.

Schreiben Sie über Ihren Besuch im Fitness-Studio. Verwenden Sie die Stichwörter unten und machen Sie Sätze. Fügen Sie die richtigen Endungen, Präpositionen und Zeiten hinzu.

z.B. Gestern – ich – Friedas Fitness-Studio – gehen, um … zu … – etwas – mein – Gesundheit – tun.

Gestern bin ich in Friedas Fitness-Studio gegangen, um etwas für meine Gesundheit zu tun.

1 Die Beraterin – sagen, dass – ich – sollen – 10 Kilo – abnehmen.

2 Sie – Bluttest – machen, – um … zu … – Cholesterinspiegel – messen.

3 Ich – sie – fragen, wie – ich – abnehmen – sollen – 10 Kilo, und – sie – mir – geben – Ernährungsplan.

4 Ich – müssen – essen – regelmäßig – Gemüse, und – ich – sollen – trinken – kein – Alkohol.

5 Ich – dürfen – rauchen – nicht mehr, weil – Blutdruck – sein – sehr hoch.

6 Sie – mir – raten, 3 x Woche – 20 Minuten Gymnastik – machen, und – ich – anfangen – um 7 Uhr – morgen!

abnehmen (sep)
to lose weight

messen *to
measure*

**der Cholesterin-
spiegel**
cholesterol level

der Blutdruck
blood pressure

**jemandem
etwas raten**
*to advise
someone to do
something*

Lerneinheit 5 **Im Fitnesszentrum**

In *Lerneinheit 5* you will see a fitness centre and hear people talking about why they keep fit. There are two topics: *Using a fitness centre* and *Working on the drama*. By the end of *Lerneinheit 5*, you will be able to talk about the value of being fit and the way in which fitness centres work. You will also have practised asking for and understanding information, and writing formal letters requesting further information.

STUDY CHART

Topic	Activity and resource	Key points
Using a fitness centre	**1 Video**	watching a keep-fit class
	2 Video	listening to people talking about keeping fit
	3 Text	reading a fitness centre leaflet
	4 *Übungskassette*	asking for information about the centre
	5 Text	preparing to write a formal letter
	6 Text	writing a formal letter
Working on the drama	**7 *Hörspiel***	listening to the drama episode
	8 *Hörspiel*	translating phrases to do with health
	9 *Hörspiel*	completing phrases to do with health

27:13–to end

In this section of the video you will see Dietmar Käntzl teaching a *Step-Fit-Klasse* (a step aerobics class). You will also hear Manuela Voigt talking about why she wants to keep fit.

Lesen Sie die folgende Liste und ordnen Sie zuerst jeder Bewegung die englische Übersetzung zu. Sehen Sie sich dann das Video an. Was macht Dietmar Käntzl? Kreuzen Sie die richtigen Bewegungen an.

Dietmar Käntzl

❏ **1** hebt die Arme **a** bends his knees

❏ **2** tritt auf den Step **b** puts a hand on his hip

❏ **3** dreht sich um **c** raises his arms

❏ **4** schnippt mit den Fingern **d** turns around

❏ **5** geht in die Knie **e** steps onto the step

❏ **6** wackelt mit den Hüften   **f** snaps his fingers

❏ **7** legt eine Hand auf die Hüfte   **g** waggles his hips

2

Sehen Sie sich denselben Videoabschnitt noch einmal an und beantworten Sie dann die Fragen auf Deutsch.

27:13–to end

---

die Bewegung (-en) *movement, here: exercise*

die Krankenkasse (-n) *medical/health insurance*

der Teilnehmer (-) /die Teilnehmerin *participant*

(gut) aussehen *to look (good)*

gegen den Speck ankämpfen *to fight the flab*

das Mitglied (-er) *member*

schwitzen *to sweat*

das Gerät (-e) *piece of equipment*

anstrengend *strenuous*

das Wohlbefinden *well-being*

I Warum „muss Bewegung sein"?

2 Wie viel kostet die Step-Fit-Klasse für die Teilnehmerinnen und Teilnehmer?

3 Dietmar Käntzl sagt, warum die Leute seinen Kurs besuchen. Welche Gründe nennt er?

4 Wer kann den Rest des Fitnesszentrums benutzen?

5 Wie ist das Ausdauer- und Konditionstraining an den Geräten?

6 Welche zwei Gründe hat Manuela Voigt, um sich fit zu halten?

3

Fitness-Studio Nord is a popular fitness centre in Frankfurt.

Lesen Sie das Informationsblatt auf Seite 106 und beantworten Sie die Fragen unten auf Deutsch.

der Gesamtbeitrag (¨e) *total fee*

die Zahlung (-en) *payment*

die Anmeldegebühr (-en) *registration fee*

die Ermäßigung (-en) *reduction*

I Wie viel Geld spart man, wenn man eine einmalige Zahlung für sechs Monate leistet statt jeden Monat zu bezahlen?

2 Wie hoch ist die Anmeldegebühr?

3 Welche Möglichkeiten hat man, wenn man DM 405,– für sechs Monate bezahlt?

4 Was für eine Ermäßigung bekommen Ehepartner?

5 Kann man dienstagsmorgens um neun Uhr ins Fitness-Studio Nord gehen?

6 Für wie lange kann man das Solarium benutzen, wenn man DM 5,– bezahlt?

7 An welchen Tagen gibt es Kinderbetreuung?

Information
Fitness-Studio Nord

Fitness/Gymnastikkurse

Training an den Fitnessgeräten, Teilnahme an allen Gymnastikkursen und Benutzung der Sauna

Zeitraum	Monatlich	Gesamtbeitrag	einmalige Zahlung
3 Monate			390,– DM
6 Monate	105,– DM	630,– DM	567,– DM
12 Monate	95,– DM	1 140,– DM	1 026,– DM

Training an den Fitnessgeräten bis 16:00 Uhr, Teilnahme an den Gymnastikkursen am Wochenende und Benutzung der Sauna

Zeitraum	Monatlich	Gesamtbeitrag	einmalige Zahlung
6 Monate	75,– DM	450,– DM	405,– DM

einmalige Anmeldegebühr 50,– DM

Ermäßigungen
Ehepartner erhalten eine
Ermäßigung von 10,– DM

Öffnungszeiten

Montag, Mittwoch, Freitag	09:00–22:00 Uhr
Dienstag, Donnerstag	10:00–22:00 Uhr
Samstag	10:00–15:00 Uhr
Sonntag	10:00–14:00 Uhr

Solarium
UWE – Power-System: 6 Minuten, DM 5,–

Kinderbetreuung
Mo, Mi, Fr, 10:00–12:00 Uhr

Fitness-Studio Nord, Forststr. 50, 65938 Frankfurt   Tel: 62 62 31

**nähere
Auskunft über
...** *further details
about ...*

teilnehmen an
to take part in

**wie ist es mit
...?** *what about
...?*

**das Formular
(-e)** *form*

ausfüllen *to fill
out*

Now imagine that you are thinking about joining Fitness-Studio Nord. Using *Hörabschnitt 8*, telephone the reception desk and find out what facilities there are on offer. Work out what you are going to say first, using the information in the flier from the Fitness-Studio Nord.

Hören Sie Hörabschnitt 8 und sprechen Sie in den Pausen.

Empfangsdame	Guten Morgen. Kann ich Ihnen helfen?
Sie	*(Good morning. Someone I know (female) has told me about the Fitness-Studio Nord, and I should like more details please.)*
Empfangsdame	Gut. Was möchten Sie wissen?
Sie	*(How much does it cost to become a member?)*
Empfangsdame	Das hängt davon ab, wie oft man es benutzt. Sie können zum Beispiel DM 405,– für sechs Monate bezahlen, und die Fitnessgeräte bis 16 Uhr benutzen.
Sie	*(And can you take part in the gymnastics classes?)*
Empfangsdame	Ja, aber nur am Wochenende.
Sie	*(And can you tell me what the opening hours are at the weekend?)*
Empfangsdame	Samstags haben wir von 10 bis 15 Uhr und sonntags von 10 bis 14 Uhr geöffnet.
Sie	*(Good – and what about childcare facilities? I've got two daughters aged three and five.)*
Empfangsdame	Ja, Ihre Kinder können betreut werden, während Sie die Geräte benutzen, aber nur montags-, mittwochs- und freitagsvormittags, sonst leider nicht.
Sie	*(Thank you very much for your help. I'll come tomorrow to fill out the form. Goodbye.)*
Empfangsdame	In Ordnung. Auf Wiederhören.

5 This activity will prepare you to write a letter to a fitness centre, asking for information. Here are a few standard phrases which are often used in formal letters: choose the most appropriate German equivalent in each case.

Kreuzen Sie die beste Übersetzung an.

1 Dear Sir/Madam,
   a Liebe Damen und Herren,   ❑
   b Meine hochverehrten Damen und Herren,   ❑
   c Sehr geehrte Damen und Herren,   ❑
2 I am interested in ...
   a Ich bin interessant ...   ❑
   b Sie sind interessant ...   ❑
   c Ich interessiere mich für ...   ❑

3 Please send me ...

   a Sie sollen mir ... senden. ❑

   b Bitte senden Sie mir ... ❑

   c Bitte sende mir ... ❑

4 Let me know whether ...

   a Wissen Sie, ob ... ❑

   b Teilen Sie mir bitte mit, ob ... ❑

   c Wären Sie so freundlich, mir bitte umgehend mitzuteilen, ob ... ❑

5 'Yours sincerely' or 'Yours faithfully' (in German you can use the same expression for both).

   a Mit freundlichen Grüßen, ❑

   b Tschüs, ❑

   c Mit vorzüglicher Hochachtung, ❑

6 Use the sample letter below to help you structure your own enquiry to the Fitness-Studio Nord.

Say you heard about them recently from your (female) friend and you'd be grateful if they could send further information. You are particularly interested in exercise classes at the weekend, and would also want to use the solarium. Ask them to send you information about weekend opening hours and a registration form. Could they also let you know whether you can bring your children? Start and end your letter as appropriate.

Schreiben Sie jetzt einen Brief an das Fitness-Studio Nord.

Auskunft über Fitnesskurse

Sehr geehrte Damen und Herren,

ich habe vor kurzem Ihre Anzeige in der Rhein-Main-Zeitung gelesen (Ich habe von einem Freund/einer Freundin von Ihrem Fitness-Studio erfahren) und hätte gerne weitere Informationen (und wäre dankbar, wenn Sie mir weitere Informationen senden könnten).

Ich interessiere mich vor allem für Gymnastikkurse/Training an den Fitnessgeräten.

Ich möchte auch die Sauna/das Solarium benutzen. Bitte senden Sie mir eine Broschüre mit Preisliste/ein Anmeldeformular/Informationen über Ihre Öffnungszeiten.

Teilen Sie mir bitte auch mit, ob ich eine Anmeldegebühr bezahlen muss/ob die Anmeldung für zwei Personen billiger ist.

Vielen Dank für Ihre Mühe.

Mit freundlichen Grüßen,

Hörspiel, Folge 6

der Kater
hangover

befreundet sein mit *to be friends with*

die Blumen gießen (gießt, goss, gegossen) *to water the flowers*

sich langweilen *to be bored*

sich verletzen *to hurt oneself*

lügen (lügt, log, gelogen) *to tell a lie*

Now listen to the *Hörspiel*. You will find that some elements link in with this *Thema*, such as Sonja having *einen Kater* (a hangover) and *Kopfschmerzen* and Bettina having to go to the *Krankenhaus* while Thomas and Kai are preparing a *vegetarisches Essen* for her and Kai's favourite meal, *Hamburger* (you never know – they might even have bought some of the ingredients at a *Bio-Laden*!).

After listening to *Folge 6*, check whether you have understood what was going on. Who did what exactly?

Wer war's? Schreiben Sie den Namen der Person oder der Personen hinter jede Frage.

1 Wer ist um 9 Uhr abends nach Hause gekommen? *Sonja und Bettina*
2 Wer hat einen Kater?
3 Wer war vor vier Jahren mit Thomas befreundet?
4 Wer hat auf Orhans Party einen Teller kaputt gemacht?
5 Wer geht ins Blumengeschäft?
6 Wer kocht das Essen?
7 Wer war gerade dabei, die Blumen zu gießen?
8 Wer macht einen Salat, weil Bettina Vegetarierin ist?
9 Wer langweilt sich?
10 Wer fällt und verletzt sich den Arm?
11 Wer muss ins Krankenhaus?
12 Wer ruft bei Thomas an?
13 Wer war in Tübingen verheiratet?
14 Wer lügt?

8

In *Teil 3* of this *Thema* you will learn a lot of language to do with health. To familiarise yourself with some of these expressions, check that you understand the phrases below, all of which occur in the *Hörspiel*.

Schreiben Sie die passende englische Übersetzung neben jeden deutschen Ausdruck.

Get well soon! • It hurts! • Ouch! • She is ill! • I feel sick! • You must rest. • Don't worry! • Be careful! • I am in Casualty at the hospital. • You look pale and miserable. • She is ill. • I had an accident. • Are you better now? • I feel terrible. • I have a headache. • I fell over.

1 Mir ist schlecht. *I feel sick.*
2 Du siehst blass und elend aus.
3 Ich habe Kopfschmerzen.
4 Ich fühle mich furchtbar.
5 Geht es dir jetzt besser?
6 Mach dir keine Sorgen!
7 Au!
8 Ich habe einen Unfall gehabt.

9 Ich bin hingefallen.

10 Ich bin in der Notaufnahme im Krankenhaus.

11 Sie ist krank.

12 Es tut weh.

13 Sei vorsichtig.

14 Du musst dich ausruhen.

15 Gute Besserung!

Hörspiel, Folge 6

Now listen to the drama again to see whether you understand more now that you have completed Activities 7 and 8. This activity also uses extracts from the drama to test your knowledge of vocabulary connected with health matters.

Bitte setzen Sie Wörter von der Liste in die Dialoge ein.

1 Bettina   Sonja. Wie geht's?

   Sonja   Oh, _____ .

2 Sonja   Ich fühle mich furchtbar!

   Bettina   Du hast einen _____ . Das ist alles.

3 Bettina   Ich hab' einen kleinen _____ gehabt.

   Sonja   Einen _____ ?

4 Sonja   Wo bist du denn?

   Bettina   An der _____ im _____ .

5 Bettina   Ach! Es tut so _____ !

   Sonja   Ruhig! Sei _____ .

| schlimm • Unfall • weh • vorsichtig • Krankenhaus • Unfall • Notaufnahme • Kater |

WISSEN SIE DAS?

In Deutschland können Sie im Notfall nicht einfach 999 wählen!

   Die Notrufnummern sind 110 für die Polizei und 112 für die Feuerwehr. Die Nummer für die Notarzt-zentrale ist in jeder Stadt anders.

   Sie finden sie im Telefonbuch und an öffentlichen Telefonen.

Für's Notizbuch

die Not *misery, distress*

in Not sein *to be in distress*

die Hungersnot (¨e) *famine*

der Notfall (¨e) *emergency*

der Notarzt (¨e) *doctor on call*

der Notarztwagen (-) *emergency ambulance*

die Notaufnahme (-n) *casualty*

der Notausgang (¨e) *emergency exit*

Lerneinheit 6 **Stress und Erholung**

In *Lerneinheit 6* you will look at why people get stressed and what they can do about it. You will read an article about different ways of relaxing, and you will hear a doctor explaining what exactly stress is – physiologically speaking. At the end of *Lerneinheit 6*, you will work on a test which people can do to find out whether they are prone to stress. The topics covered are: *Stressful or relaxing?* and *How stressed are you?*.

Lerneinheit 6 will give you practice in using reflexive pronouns, exploring the vocabulary of stress and relaxation, writing summaries and talking about advice.

STUDY CHART

Topic	Activity and resource	Key points
Stressful or relaxing?	1 *Übungskassette*	weighing up stressful and relaxing activities
	2 Text	reading about ways to relax
	3 Text	practising reflexive pronouns in the accusative and dative
How stressed are you?	4 Text	reading an article about stress
	5 Text	writing a summary of the article
	6 *Übungskassette*	telephoning a friend to tell her about Dr. Pfeiffer's advice
	7–8 Text	working on a *Stress-Test*

First think about which activities you find stressful or relaxing. Then listen to the descriptions in *Hörabschnitt 9* and decide whether you think each one is stressful or relaxing. The model answers may differ from your own version as you might well have a different view.

Hören Sie Hörabschnitt 9 und sprechen Sie in den Pausen. Sagen Sie, was Sie selbst denken: Ist das Stress oder Erholung?

Sie hören: 8 Stunden am Computer sitzen

Sie sagen: Ich denke, das ist Stress.

das Aquarium (Aquarien)
fish tank

die Erholung
relaxation

die Palme (-n)
palm tree

2

Here are some extracts from a magazine article about ways of combatting stress.

Was kann man machen, um sich zu erholen? Welche Aktivitäten werden in dem Artikel genannt? Kreuzen Sie sie an. (Es sind insgesamt sechs.)

Nichtstun macht stark

- Die schönste Art zu faulenzen: Sich unter Palmen in einer Hängematte wiegen.

- Wer sich ab und zu die Zeit nimmt, ein gutes Buch zu lesen, tut Geist und Seele einen großen Gefallen.

- Beim gemeinsamen Spiel können Alt und Jung sich ganz wunderbar erholen.

- Feierabend. Wer sich den ganzen Tag abhetzt, darf ruhig den Tag mit Nichtstun beschließen.

- Um sich so richtig zu entspannen: Ein warmes Bad einlaufen lassen, duftendes Öl dazugeben und dem Abend entgegenträumen.

- Wenn man sich die Fische im Aquarium betrachtet, vergisst man schnell den Alltagsstress.

die Hängematte (-n) *hammock*

1 Man kann unter Palmen in einer Hängematte liegen	❏
2 Man kann mit den Kindern spielen.	❏
3 Man kann sich in die Badewanne legen.	❏
4 Man kann nichts tun.	❏
5 Man kann Kanu fahren.	❏
6 Man kann den Fischen im Aquarium zuschauen.	❏
7 Man kann ein Buch lesen.	❏
8 Man kann kegeln gehen.	❏

USING reflexive verbs

The article about stress and relaxation above contains a number of reflexive verbs, some of which you have come across before, such as *sich entspannen* (to relax). Here are some more examples:

sich stressen *to stress oneself out*
sich abhetzen *to rush around*
sich fit halten *to keep fit*

sich erholen *to rest, recover*
sich ausruhen *to rest*

CONTINUED ‖‖➡

In the case of all of these verbs the reflexive pronoun is in the accusative case. Where the reflexive verb already involves an accusative object as in, for instance, *sich die Zeit nehmen*, the reflexive pronoun is in the dative.

Here are some more examples where the reflexive pronoun goes into the dative case.

sich die Hände waschen *to wash one's hands*
Ich wasche mir die Hände.
sich den Arm verletzen *to hurt one's arm*
Ich habe mir den Arm verletzt.

Here is a summary of reflexive pronouns in the accusative and in the dative cases:

	accusative	**dative**
ich	*mich*	*mir*
du	*dich*	*dir*
er, sie, es	*sich*	*sich*
wir	*uns*	*uns*
ihr	*euch*	*euch*
Sie	*sich*	*sich*
sie	*sich*	*sich*

3　Now read the two conversations below. The first one is between two former colleagues who use the formal *Sie*. The second is between a couple and another friend who use the informal *du* or *ihr*.

Bitte setzen Sie die fehlenden Reflexivpronomen in die Lücken ein.

Dialog I

Frau K　Guten Tag, Frau Löbner. Wir haben _____ lange nicht gesehen. Wie geht es Ihnen?

Frau L　*Ich kann Ihnen sagen … Ich habe wieder so viel Arbeit.*

Frau K　Ich denke, Sie dürfen _____ nicht so stressen und müssen _____ mehr Zeit für sich selbst nehmen. Machen Sie denn keinen Urlaub diesen Sommer?

Frau L Das kann ich nicht. Ich habe im Moment jeden Tag fünf Termine. Ich muss

_____ total abhetzen, aber im Oktober werde ich _____

zwei Wochen Zeit nehmen, um meine Freundin in Österreich zu besuchen. Martin

kommt wahrscheinlich auch mit. Dann können wir _____ beide ein

bisschen ausruhen. Wie geht's denn Ihrem Mann?

<table>
<tr><td>angeblich
supposedly</td></tr>
</table>

Frau K Der ist mit einem Kollegen auf einer Konferenz in Miami Beach. Tagsüber müssen

sie angeblich arbeiten und abends ruhen sie _____ dann bei einem

Bier unter Palmen von dem Stress aus.

Dialog 2

Klaus Hallo, schön euch mal wieder zu sehen. Ihr seid ja ganz braun.

Tina Wir waren gerade in Urlaub – in Italien.

Klaus Habt ihr _____ gut erholt?

Sven Ja. Wir sind jeden Tag geschwommen, um _____ fit zu halten.

Klaus Und den Rest des Tages habt ihr _____ in die Sonne gelegt.

Sven Richtig! Ich weiß, du stresst _____ immer total in deinen

Aktivurlauben und nimmst _____ überhaupt keine Zeit zum

Faulenzen. Das ist nichts für uns. Wir müssen _____ schon für den

Job genug abhetzen.

4 On page 115 there is an article by Dr. Sebastian Pfeiffer about the causes and consequences of stress.

Lesen Sie den Artikel und beantworten Sie die Fragen auf Englisch.

die Belastung (-en) *pressure, burden*	**ausschütten** *to release*
verursachen *to cause*	**der Sauerstoff** *oxygen*
der Schaden (¨) *damage*	**der Stoffwechsel** *metabolism*
der Zeitdruck *time pressure*	**die Vollwertkost** *wholefoods*
das Zwischenhirn *interbrain*	**stressanfällig sein** *to be prone to stress*

„Stress" ist eins der beliebtesten Wörter unserer Zeit, aber was genau ist Stress? Starke körperliche oder seelische Belastungen verursachen Stress und können zu körperlichen und/oder seelischen Schäden führen. Es gibt viele Dinge, die uns jeden Tag stressen können, zum Beispiel die Schule, die Familie oder der Arbeitsplatz. Viele Leute fühlen sich stark belastet durch Zeitdruck, hohe Verantwortung für andere Menschen oder zu viel Lärm.

Aber wie reagiert unser Körper auf Streß-Situationen? Unser Zwischenhirn gibt den Befehl, die Streßhormone Adrenalin, Noradrelin und Testosteron auszuschütten. Und das hat zur Folge, dass unser Herzschlag schneller wird, Blutdruck und Sauerstoffverbrauch steigen und der Stoffwechsel angeregt wird. Die Leber gibt außerdem Zuckerreserven frei. Wir haben mehr Energie, sind konzentrierter und sogar kampfbereit. Parallel dazu wird das Hormon Cortisol aktiviert, das unser Immunsystem schwächt.

Es gibt einige Empfehlungen, wie man Stress reduzieren kann. Zuerst sollten wir uns alle dreimal die Woche mindestens zwanzig Minuten bewegen. Regelmäßig joggen, Rad fahren, schwimmen oder Gymnastik machen hilft am besten gegen Stress. Ganz wichtig in Stresszeiten ist unsere Ernährung. Man sollte nicht zu viel Fleisch und Fett zu sich nehmen: Gemüse, Obst und Vollwertkost sind dagegen sehr empfehlenswert. Zu vermeiden sind Zigaretten, Alkohol, Hektik und Lärm, und man sollte auch nur wenig Kaffee oder Tee trinken. Wer stressanfällig ist, braucht täglich mindestens acht Stunden Schlaf, aber die beste Voraussetzung zur Stressvermeidung ist, alles positiver und ein bisschen lockerer zu sehen. So kann Stress gar nicht entstehen.

1 What three things might cause stress according to Dr. Pfeiffer?

2 Why do many people feel under pressure? There are three reasons.

3 How do we feel after stress hormones have been released?

4 How much exercise should we take in a week?

5 What four sports are particularly effective for combatting stress?

6 What should we eat at times of stress?

7 What four things should we try to avoid at times of stress?

8 What should we not drink too much of when we are stressed?

9 How much sleep do we need if we are prone to stress?

10 How should we look at the world if we want to be less stressed?

5

Schreiben Sie bitte eine Zusammenfassung in drei Sätzen von dem, was Dr. Pfeiffer über Stress gesagt hat. Benutzen Sie die Stichwörter.

> **unter Druck**
> **sein** *to be*
> *under pressure*

1 Dinge – täglich – sich stressen – Beispiel – Schule – Familie – Arbeitsplatz – und – Leute – sich fühlen – unter Druck.

2 um ... zu ... – körperlich – seelisch – sich fit halten – müssen – vernünftig – essen – 3 × die Woche – 20 Minuten – sich bewegen.

3 es ist wichtig – regelmäßig – sich entspannen – 8 Stunden – schlafen – um ... zu ... – stressig – Leben – sich erholen.

 6

Imagine you have just had a consultation with Dr. Pfeiffer who gave you advice for overcoming your stress problems. Telephone your friend Bettina and tell her about the advice you were given, using *Hörabschnitt 10*.

Hören Sie Hörabschnitt 10 und sprechen Sie in den Pausen. Bereiten Sie Ihre Antworten schriftlich vor.

Bettina	Hallo. Schön, wieder von dir zu hören. Wie geht's?
Sie	*(I've just spoken to Dr. Pfeiffer – I feel much better now.)*
Bettina	Was war mit dir los?
Sie	*(There are so many things which stress me every day; my boss at work, for example.)*
Bettina	Und ich dachte immer, dein Chef ist sehr nett.
Sie	*(Yes, but I always feel under pressure.)*
Bettina	Und was hat Dr. Pfeiffer gesagt?
Sie	*(I should relax a bit more and also avoid too much alcohol.)*
Bettina	Oje!
Sie	*(Also, I'm not allowed to smoke any more.)*
Bettina	Das klingt ja sehr gesund! Hat er dir sonst noch was empfohlen?
Sie	*(Yes, I should not rush around so much and rest more often.)*
Bettina	Gibt es irgendwas, was ich für dich tun könnte?
Sie	*(Yes, would you like to go for a walk in the forest with me at the weekend?)*
Bettina	Gute Idee! Ich brauche auch ein bisschen Erholung.

7 Look at the *Stress-Test* below which helps people to find out whether they are prone to stress (*stressanfällig*). Skim through the test so that you have an idea what it is about and match the people quoted on page 117 to the questions in the text.

Für welche Frage bekommen die folgenden Personen ein schlechtes Resultat? Schreiben Sie den Buchstaben der Frage neben jedes Zitat.

Wie stressanfällig bin ich? Der Stress-Test

A Ich esse mindestens einmal am Tag eine warme, vollständige Mahlzeit.
①②③④⑤

B Ich schlafe 7 bis 8 Stunden zumindest an 5 Nächten einer Woche.
①②③④⑤

C Ich gebe und empfange regelmäßig Zuneigung.
①②③④⑤

D Ich trainiere mindestens zweimal pro Woche körperlich, bis hin zum Schweißausbruch.
①②③④⑤

E Ich begrenze das Rauchen auf weniger als eine halbe Schachtel pro Tag.
①②③④⑤

F Ich trinke weniger als fünf Gläser eines alkoholischen Getränks pro Woche.
①②③④⑤

G Ich habe das richtige Körpergewicht für meine Körpergröße.
①②③④⑤

H Ich habe ein für mich ausreichendes Einkommen bzw. genug Taschengeld.
①②③④⑤

I Ich habe zahlreiche Freunde und Bekannte.
①②③④⑤

J Ich habe einen oder mehrere Freunde, mit denen ich über persönliche Dinge reden kann.
①②③④⑤

K Ich bin in gutem Gesundheitszustand (einschließlich Augen, Ohren, Zähne).
①②③④⑤

L Ich bin in der Lage, offen über meine Gefühle zu sprechen, auch wenn ich wütend oder besorgt bin.
①②③④⑤

M Mindestens einmal pro Woche tue ich etwas zu meinem Vergnügen.
①②③④⑤

N Ich bin in der Lage, meine Zeit richtig einzuteilen.
①②③④⑤

O Ich trinke weniger als 3 Tassen Kaffee (oder andere koffeinhaltige Getränke) am Tag.
①②③④⑤

P Ich gönne mir im Laufe des Tages etwas Ruhe für mich selbst.
①②③④⑤

die **Zuneigung** *affection*

sich auf jemanden verlassen können *to be able to rely on someone*

der **Schweißausbruch** (-̈e) *outbreak of sweat*

besorgt sein *to be worried*

die **Zeit einteilen** *to organise one's time*

1 „Ich schlafe nur drei Stunden in der Nacht." (Simon K., 26 Jahre, Student, ledig) *Simon K. bekommt ein schlechtes Resultat für Frage B*

2 „Ich habe keine Freunde." (Sabine G., 22 Jahre, Büroangestellte, ledig)

3 „Ich trinke viel Bier, Wein und Schnaps." (Hans J., 47 Jahre, Rechtsanwalt, verheiratet, 1 Kind)

4 „Ich habe nie Zeit für mich selbst." (Gerlinde B., 38 Jahre, Hausfrau, verheiratet, vier Kinder)

5 „Ich bin oft krank und meine Augen tun immer weh." (Frederick P., 41 Jahre Programmierer, verheiratet)

6 „Ich habe nicht genug Geld." (Sandra F., 29 Jahre, Schweißerin, ledig, ein Kind)

7 „Ich habe keine Zeit, Sport zu treiben." (Herbert T., 54 Jahre, Professor für Vor- und Frühgeschichte, ledig)

8 Now do the test yourself. This will help you read it in more detail, as well as enjoying it.

Machen Sie jetzt den Test. Beantworten Sie die Fragen und addieren Sie Ihre Punkte. Die Zahlen unter jeder Frage bedeuten:

1 = fast immer	**4** = nicht sehr oft
2 = oft	**5** = nie
3 = manchmal	

Resultat: Addieren Sie Ihre Punkte und subtrahieren Sie 20.

Unter 8	Sie sind nicht stressanfällig.
8–24	Sie sind leicht stressanfällig.
über 24	Sie sind stressanfällig.
über 40	Sie sind extrem stressgefährdet.

Checkliste

By the end of *Teil 2* you should be able to

○ understand people talking about sports and talk about them yourself (*Lerneinheit 4*, Activities 1–4 and 7–8)

Seiten 99– & 101–102

○ organise word order in complex sentences (*Lerneinheit 4*, Activities 3 and 10–11; *Lerneinheit 6*, Activity 5)

Seiten 100 102–103; I

○ understand organisational information about fitness centres (*Lerneinheit 4*, Activity 9; *Lerneinheit 5*, Activities 2–4)

Seiten 102 105–107

○ obtain information on the telephone (*Lerneinheit 5*, Activity 4)

Seite 107

○ write a short formal letter asking for information (*Lerneinheit 5*, Activities 5–6)

Seiten 107–108

○ understand and use reflexive verbs in both accusative and dative cases (*Lerneinheit 6*, Activity 3)

Seite 113

○ understand people talking about stress and talk about it yourself (*Lerneinheit 6*, Activities 4–6)

Seiten 114–115

Gesundheit

Teil 3 deals with various aspects of health and, in particular, going to the doctor. It also provides details about the German health system and spa resorts.

Lerneinheit 7, Beim Arzt, takes place in a doctor's surgery; you will hear people describing their symptoms. In *Lerneinheit 8, In der Apotheke,* some medicines are sold and various treatments are discussed, and you will find out about Wilhelm Conrad Röntgen, the German scientist who discovered X-rays. In *Lerneinheit 9, Kurorte,* you will hear various people discussing their health regimens.

By the end of *Teil 3,* you should be able to cope with visits both to the doctor and the pharmacist, understand and give advice, and talk about health matters in general.

Lerneinheit 7 **Beim Arzt**

In *Lerneinheit 7* you will hear advice being given and give some yourself. There are four topics: *You and your body, Talking about symptoms, Understanding and giving advice* and *The German health system.*

You will learn how to describe your own symptoms, understand and give advice using *sollten,* and use the imperative form of other verbs.

Topic	Activity and resource	Key points
You and your body	**1 Text**	labelling parts of the body
	2 Text	describing symptoms
Talking about symptoms	**3 *Übungskassette***	recognising symptoms
	4 *Übungskassette*	understanding a dialogue
	5 Text	practising prepositions
	6–7 Text	practising *sollten*
Understanding and giving advice	**8 Text**	giving advice
	9 Text	using imperatives
The German health system	**10 Text**	reading about the health system
	11 Text	reading a *Sprechgedicht*

STUDY CHART

Teil 3

Doctors in Germany tend to specialise more than GPs do in the UK. It is also common to see a doctor's plaque hanging outside the surgery describing his or her specialism, like this one.

ÄRZTEHAUS

ALFRED D. FUCHS

Arzt für Psychiatrie

Sprechstunden:
Mo.–Fr. 9–12 Uhr, nachmittags außer Mi. 15–18 Uhr
und nach Vereinbarung

Alle Kassen   Tel. 627495

Before you can start discussing your symptoms with a doctor, you may need some vocabulary to describe the different parts of your body.

Ordnen Sie dem Skelett die Namen der Körperteile zu. Wenn Sie ein Wort nicht verstehen, schauen Sie es im Wörterbuch nach.

a der Ellenbogen

b der Oberschenkel

c die Wade

d der Brustkorb

e der Hals

f der Rücken

g die Schulter

h das Handgelenk

i der Bauch

j der Knöchel

k die Zehe

l die Wirbelsäule

m die Hüfte

n das Knie

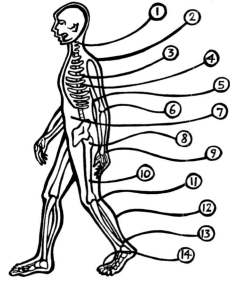

Once you have found a doctor, you need to be able to describe your symptoms.

Was fehlt Ihnen? Ordnen Sie die Symptome zu.

Ich habe …

1 Kopfschmerzen

2 Zahnschmerzen

3 Ohrenschmerzen

4 Halsschmerzen

5 Rückenschmerzen

6 Husten

7 eine Erkältung

8 Fieber

9 Bauchschmerzen

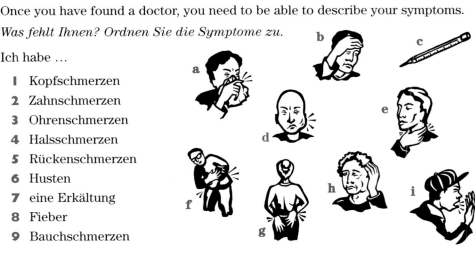

3 Herr Reimer is not feeling very well, so he goes to his doctor to ask for some advice.

Hören Sie Hörabschnitt 11. Kreuzen Sie auf Ihrer Liste von Übung 2 die Symptome an, die im Dialog erwähnt werden.

sich nicht wohl fühlen *to feel ill*	**leiden an** (dat) *to suffer from*	**das Rezept (-e)** *prescription*
mir ist schlecht *I feel sick*	**jemanden krank schreiben** *to give someone a sick note*	
sich wackelig auf den Beinen fühlen *to be shaky*	**sich schonen** *to take things easy*	

  4 *Hören Sie Hörabschnitt 11 noch einmal und beantworten Sie die Fragen auf deutsch.*

I Was für Symptome hat Herr Reimer?

2 Welche Diagnose stellt die Ärztin?

3 Was soll Herr Reimer jetzt machen?

 5 This activity will help you to practise using prepositions, most of which were used in the last dialogue.

Setzen Sie die folgenden Präpositionen in die Sätze ein.

I Guten Morgen! Was kann ich _____ Sie tun?

2 Ich fühle mich wackelig _____ den Beinen.

3 Haben Sie ein Mittel _____ Kopfschmerzen?

4 Ich leide _____ einer Grippe.

5 Das Fieber wird _____ drei Tagen wahrscheinlich weg sein.

6 Mir ist _____ sechs Tagen schlecht.

7 Sie sollten _____ einer Woche zurückkommen.

8 _____ allen Dingen sollten Sie viel Flüssigkeit trinken.

an • gegen • seit • für • auf • in • vor • in

GIVING advice

When the doctor gave her patient advice in the dialogue in Activity 5 she used the phrase *Sie sollten* …. This translates into English as 'you ought to …' or 'you should …'. *Sollten* is a form of the modal verb *sollen* which you met in *Teil 1, Lerneinheit 3. Sollten* must be accompanied by a second verb which, in simple sentences, goes to the end of the sentence. You can use *sollten* to give advice:

Sie *sollten* ruhig *liegen*.
Sie *sollten* sich *schonen*.

You can also use it to express what you think you ought to do:

Ich glaube, ich habe zugenommen. Ich *sollte* nicht so viel *essen*.

Here is the full conjugation:

ich sollte   **wir sollten**
du solltest   **ihr solltet**
er/sie/es sollte **Sie/sie sollten**

Remember that when you report back on what someone said, you also use *sollen*, but in the present tense:

Der Arzt sagt, ich *soll* mich mehr bewegen.
Die Ärztin hat gesagt, dass Herr Reimer sich schonen *soll*.

---

6 *Setzen Sie die richtige Form von „sollten" in die Sätze ein.*

1 Herr Reimer, Sie haben eine Virusinfektion. Sie _____ im Bett bleiben.

2 Ich habe Kopfschmerzen. Vielleicht _____ ich heute Abend nicht weggehen.

3 Maria – du siehst müde aus! Du _____ früh ins Bett gehen.

4 Wir haben lange in der Bibliothek gesessen! Wir _____ einen Spaziergang machen.

5 Kinder! Ihr _____ mehr Gemüse essen!

7 Do you remember exactly what the doctor said to Herr Reimer?
Schreiben Sie die fehlenden Wörter in die Lücken. Wenn Sie wollen, hören Sie zur Kontrolle noch einmal Hörabschnitt 11.

1 Sie _____ mindestens drei Tage im Bett _____ .

2 Sie _____ ruhig _____ .

3 Vor allen Dingen _____ Sie viel Flüssigkeit _____

_____ _____ .

4 Sie _____ so oft wie möglich etwas Warmes _____ .

5 Sie _____ sich nächste Woche _____ .

8 Imagine you are Herr Reimer. On your way home you meet Dietmar Käntzl, the fitness instructor who appeared in *Teil 2*. He also has a very bad cold.

Geben Sie Dietmar gute Ratschläge. Sie sind ein Freund von Dietmar und sagen „du".

1 You ought to go straight home and go to bed.

2 You ought to drink lots of herbal tea.

3 You ought to take things easy for a few days.

9 Another way of expressing advice is to use the imperative, which you have met before. This activity helps you to revise it.

Schreiben Sie das Verb im Imperativ. Wenn Sie wollen, lesen Sie dann Ihre Antworten laut.

1 _____ (essen – du) nicht so viel Schokolade!

2 _____ (machen – Sie) bitte die Tür auf.

3 _____ (sich schonen – Sie) nächste Woche.

4 _____ (halten – du) mal mein Fahrrad!

5 _____ (gehen – du) früher ins Bett!

6 _____ (nehmen – du) eine Tablette.

7 _____ (trinken – Sie) regelmäßig Kräutertee.

8 _____ (studieren – du) weiter!

Read this text about the health system in Germany. Five of the nine sentences in English below summarise the text.

Bitte lesen Sie den Text über das Gesundheitswesen in Deutschland und entscheiden Sie: Welche fünf Sätze sind richtig?

Gesundheitswesen in Deutschland

Wer in Deutschland zum Arzt muss, entscheidet selbst, zu was für einem Facharzt er gehen will, zum Beispiel zu einem Arzt für Allgemeinmedizin, zu einem Hals-Nasen-Ohrenarzt, zum Dermatologen, zum Augenarzt, zum Gynäkologen usw. Ärzte ohne Facharztausbildung – vergleichbar mit den englischen *general practitioners* – heißen praktische Ärzte.

Fast alle Deutschen sind Mitglied einer Krankenkasse, die für Arzt- und Zahnarztbesuche, Medikamente, Krankenhausaufenthalte usw. bezahlt. Es gibt gesetzliche und private Krankenkassen. Personen mit einem Brutto-Einkommen bis DM 6 000,– im Monat (Westdeutschland) oder DM 5 100,– (Ostdeutschland) müssen gesetzlich versichert sein, Personen mit einem höheren Einkommen können sich privat versichern, wenn sie wollen. Die Krankenkassen geben allen Mitgliedern eine Karte, die man vorzeigen muss, wenn man zum Arzt geht.

Ausländische Besucher aus bestimmten Ländern, z.B. Großbritannien, sollten von zu Hause einen Auslands-Krankenschein mitbringen (E111-Schein) und dann in Deutschland zu einem Büro der AOK (Allgemeine Ortskrankenkasse) gehen, wo der E111-Schein gegen einen deutschen Krankenschein eingetauscht werden kann.

(Stand 1996)

1 Germans can decide which specialist to go to if they wish to see a doctor.

2 Germans always go to a local doctor first, they are then transferred to a medical specialist.

3 Health insurance is provided by health insurance companies – *Krankenkassen*. There are a number of public and private *Krankenkassen*.

4 People who earn more than a certain amount per month can leave the public insurance scheme and take out private insurance instead.

5 When they go to a doctor, people have to pay or bring their credit card.

6 When they go to the doctor, people have to produce a card from the insurance company who will then pay for the treatment.

7 Dental treatment is not included.

8 Visitors from Britain and a number of other countries have to show their E111 to the doctor.

9 Visitors from Britain and a number of other countries have to take their E111 (which they should obtain before going abroad) to the office of the *Allgemeine Ortskrankenkasse*.

LERNTIP

Für's Notizbuch

You should note these important words to do with the health system.

der Facharzt/die Fachärztin *specialist*

die Versicherung (-en) *insurance*

sich versichern *to take out insurance*

die Krankenkasse (-n) *health insurance company*

die gesetzliche Krankenkasse (-n) *public health insurance company*

der Krankenhausaufenthalt (-e) *stay in hospital*

der Krankenschein (-e) *medical form for insurance*

Finally, here is a poem by Ernst Jandl about going to the doctor. Ernst Jandl (born in 1925) is a former grammar school teacher from Vienna, who is famous for his *Sprechgedichte* in which he plays with sounds and words.

Bitte lesen Sie das Gedicht.

fünfter sein

tür auf	*tür auf*	*tür auf*	*tür auf*	*tür auf*
einer raus	*einer raus*	*einer raus*	*einer raus*	*einer raus*
einer rein	*einer rein*	*einer rein*	*einer rein*	*einer rein*
vierter sein	*dritter sein*	*zweiter sein*	*nächster sein*	*tagherrdoktor*

Ernst Jandl

Lerneinheit 8 **In der Apotheke**

In *Lerneinheit 8* you will read and hear more about remedies and how to prevent illness or deal with health problems. There are three topics in *Lerneinheit 8*: *Visiting a pharmacy*, *Buying medicines* and *An important German scientist*. You will learn about what goes on in chemist's shops, and by the end of *Lerneinheit 8*, you should be able to ask for medicines and understand more about health-related issues. You will also learn about the German scientist who discovered X-rays.

STUDY CHART

Topic	Activity and resource	Key points
Visiting a pharmacy	1 Text	translating useful vocabulary
	2–3 Text	reading advertisements for typical products
	4 Text	choosing remedies
Buying medicines	5 *Übungskassette*	understanding a dialogue in a chemist's shop
	6 *Übungskassette*	recognising adjectives
	7 Text	practising comparisons and superlatives
	8 Text	inserting adjectives
	9 *Übungskassette*	buying two products at a pharmacy
An important German scientist	10 Text	reading about Wilhelm Conrad Röntgen
	11 Text	completing a crossword puzzle

Below is a list of products you can buy at a German pharmacy.

Ordnen Sie Sie den deutschen Wörtern die englische Übersetzung zu.

1	Gel	a	pills
2	Salbe (oder Creme)	b	gel
3	Tabletten	c	syrup
4	Saft (z.B. Hustensaft)	d	sugar-coated pills
5	Dragées	e	drops
6	Tropfen	f	cream, ointment

2

Now have a look at these two advertisements.

Lesen Sie die Anzeigen und beantworten Sie die Fragen auf Deutsch.

Wenn Sie von Ihrer Erkältung die Nase voll haben

— *Fantotropfen* —

Fantotropfen helfen schnell bei Schnupfen und verstopfter Nase.

- Nehmen Sie die richtige Dosis.
  (Dazu lesen Sie am besten den Beipackzettel.)
- Wenn die Erkältung länger als eine Woche anhält, sollten Sie einen Arzt konsultieren.

Fantotropfen gibt es nur in der Apotheke.

Sonnenbrand
Insektenstiche
Allergien

Rubin Salbe   **Rubin Dragées**

Bei juckenden Hauterkrankungen und Verbrennungen. Die Salbe kühlt und lindert den Juckreiz. Die Dragées sind besonders wirksam in schlimmeren Fällen. Rubin Salbe und Dragées können Müdigkeit hervorrufen. Für Säuglinge und Kleinkinder nicht geeignet.

---

der Beipackzettel (-) *information leaflet which comes with medicines*

anwenden *to apply*

Nebenwirkungen *side-effects*

---

1 Was soll man tun, wenn man eine Woche lang Fantotropfen genommen hat und die Erkältung noch nicht weg ist?
2 Woher weiß man, welche Dosis man nehmen muss?
3 Kann man Fantotropfen auch im Drogeriemarkt bekommen?
4 Bei welchen Problemen kann man Rubin Salbe oder Dragées anwenden?
5 Wem soll man das Mittel nicht geben?
6 Was für Nebenwirkungen kann Rubin haben?

3 The eight words or expressions listed below are used in the adverts in Activity 2 (and a number of them will appear in other activities).

Schreiben Sie die deutsche Übersetzung neben die englischen Wörter.

1 pharmacy _____

2 a cold _____

3 allergy _____

4 insect bite _____

5 burns _____

6 itchy _____

7 dose _____

8 to be fed up with _____

WISSEN SIE DAS?

Um in Deutschland Medikamente zu kaufen, geht man in eine Apotheke, die am Apotheken-Zeichen (einem großen A) zu erkennen ist. Dort arbeitet mindestens ein Apotheker oder eine Apothekerin, die bei kleineren gesundheitlichen Problemen Rat und Hilfe geben kann. Der Apotheker/die Apothekerin ist oft auch Besitzer/in der Apotheke. Daneben gibt es Apothekenhelfer und -helferinnen, die eine 2½-jährige Ausbildung in einer Apotheke und an einer Fachschule absolviert haben.

In allen Medikamentenpackungen, die man in der Apotheke kauft, findet man einen Beipackzettel (oder eine Packungsbeilage). Das ist ein Zettel mit Informationen über das Medikament, z.B. welche Substanzen es enthält, wie man es dosieren muss und was für Nebenwirkungen es haben kann.

Here is a list of useful things which holiday makers are recommended to carry in their first-aid kits (*in ihrer Reiseapotheke*).

Sie haben die folgenden Gesundheitsprobleme. Welches Produkt von der Checkliste brauchen Sie?

Checkliste für die Reiseapotheke

Haben Sie für den nächsten Urlaub schon Ihre individuelle Reiseapotheke zusammengestellt?

Die wichtigsten Medikamente sollten zu Hause besorgt werden, da sie am Ferienort oft nicht erhältlich sind.

❏ Kohletabletten

❏ Mittel gegen Erkältungskrankheiten

❏ Sonnenschutzmittel

❏ Salbe oder Gel zur Behandlung von Sonnenbrand

❏ Lippensalbe gegen Sonnenbrand

❏ Mittel gegen Insektenstiche

❏ Pflaster

❏ Elastische Binden

❏ Schmerzmittel

❏ Augentropfen

❏ Ohrentropfen

❏ Wund- und Heilsalbe

❏ Antiallergika

❏ Mittel zur Wunddesinfektion

---

1 Sie haben Ohrenschmerzen. *Ohrentropfen*

2 Sie haben Migräne.

3 Ihr Kind ist gefallen und hat ein Loch im Knie.

4 Sie möchten an den Strand gehen und in der Sonne liegen.

5 Sie haben Durchfall.

6 Sie haben einen Schnupfen.

 In this activity you will hear someone buying various items at a pharmacy before going on holiday. You will need to refer back to the checklist in Activity 4.

Hören Sie Hörabschnitt 12 und lesen Sie noch einmal die „Checkliste für die Reiseapotheke". Welche Produkte kauft die Kundin?

6 In this activity you will concentrate on the way in which adjectives are used in the dialogue in *Hörabschnitt 12*.

Lesen Sie die Adjektive und hören Sie Hörabschnitt 12 noch einmal. Dreizehn der Adjektive kommen im Dialog vor. Kreuzen Sie sie an.

groß ❑	elastisch ❑	stark ❑	unempfindlich ❑	schwer ❑
klein ❑	allergisch ❑	hoch ❑	aggressiv ❑	leicht ❑
teuer ❑	normal ❑	niedrig ❑	wirksam ❑	gut ❑
billig ❑	neu ❑	schön ❑	schmerzhaft ❑	schlecht ❑
gesund ❑	alt ❑	hässlich ❑	beliebt ❑	aktiv ❑
krank ❑	schwach ❑	empfindlich ❑	unbeliebt ❑	

USING comparatives and superlatives

When listening to *Hörabschnitt 12* you probably noticed that many of the adjectives were used in the comparative form. You have come across both comparatives and superlatives before. Here is a summary:

Die Salbe ist wirksam! *The ointment is effective.*

Die Dragées sind wirksamer!! *The pills are more effective.*

Eine Spritze ist am wirksamsten!!! *An injection is the most effective.*

Die 20 g Tube ist klein. *The 20 g tube is small.*

Die 15 g Tube ist kleiner als die 20 g Tube. *The 15 g tube is smaller than the 20 g tube.*

Die 10 g Tube ist am kleinsten. *The 10 g tube is the smallest.*

Remember that adjectives with *a* or *o* in the middle often take an umlaut.

Adverbs form the comparative and superlative in the same way as adjectives. In this example *schwach* is used as an adverb:

Ich fühle mich schwach. *I feel weak.*

Andrea fühlt sich noch schwächer. *Andrea feels even weaker.*

Martin fühlt sich am schwächsten. *Martin feels weakest.*

Using comparatives and superlatives in front of the noun

When used in front of nouns, adjectives (and their comparatives and superlatives) modify their endings to agree with the the noun they refer to. For example:

Das ist eine wirksame Salbe. *That is an effective ointment.*

Eine wirksamere Salbe ist nicht auf dem Markt! *There is no more effective ointment on the market!*

Das ist die wirksamste Salbe, die es gibt!! *That is the most effective ointment available!!*

Now complete the comparative sentences below, but beware, some are not regular. If in doubt, refer to your grammar book.

Schreiben Sie den Komparativ und den Superlativ.

1 Blonde Menschen reagieren empfindlich auf starke Sonne.

Rothaarige reagieren _____ .

Babies reagieren _____ _____ .

2 Ein Mückenstich kann manchmal schmerzhaft sein.

Ein Wespenstich ist _____ .

Ein Hornissenstich ist _____ _____ .

3 Die Salbe ist teuer.

Das Spray ist _____ .

Die Dragées sind _____ _____ .

4 Die normalen Kalziumtabletten sind nicht so stark.

Die Kalziumtabletten „forte" sind _____ .

Die Kalziumtabletten „forte extra" sind _____ _____ .

5 3mal täglich 2 Tabletten   Diese Dosierung ist hoch.

4mal täglich 2 Tabletten   Diese Dosierung ist _____ .

alle 2 Stunden 3 Tabletten   Diese Dosierung ist _____ _____ .

6 Warme Milch ist gut gegen Magenschmerzen.

Kräutertees sind _____ .

Kamillentee ist _____ _____ .

8 Some new eardrops have been launched onto the market. Here is an extract from an advertisement for them.

Setzen Sie die Adjektive in den Text ein und ergänzen Sie die Adjektivendungen.

Oroform-super

Das _____ Mittel gegen Ohrenschmerzen. Etwas _____ ist nicht auf dem Markt. _____ Hilfe bei _____ bis mittelstarken Ohrenschmerzen. Besonders auch für _____ Kinder und _____ Menschen geeignet. Bei _____ Ohrenschmerzen konsultieren Sie bitte Ihren Arzt. Oroform-super – ein Muss in jeder Hausapotheke!

---

eicht • klein • stärker • neu • Besser • schnell • älter

 9 Imagine you are going to the pharmacy to buy a couple of things you need.

Hören Sie Hörabschnitt 13 und antworten Sie auf die Fragen des Apothekers. Verwenden Sie die folgenden Informationen.

- you would like a thermometer
- when offered a choice of two, choose the cheaper one
- you would also like something for a headache
- you want something stronger than aspirin in the smallest pack
- you would like to know whether the drug has any side-effects
- you are from abroad and want to know which doctor you should go to

 10 Now for a look at a famous German who made an outstanding contribution to the diagnosis of medical problems. Wilhelm Conrad Röntgen discovered X-rays in 1895. In recent years the excessive use of X-rays in Germany has been criticised and is considered dangerous – especially when outdated machines are used. Despite this, in 1995 the newspapers were full of centenary articles about the man and his discovery. Here are some extracts from those articles.

Lesen Sie die Texte über Röntgen und beantworten Sie die Fragen unten.

Eminenz durch Fluoreszenz

1995 ist das Röntgenjahr – und das gleich in doppelter Hinsicht: Vor 150 Jahren wurde Wilhelm Conrad Röntgen in Lennep bei Remscheid in Nordrhein-Westfalen geboren. 50 Jahre später, am 8. November 1895 entdeckte der an der Universität Würzburg lehrende Physiker die „X-rays", die heute zu den wichtigsten Werkzeugen in Medizin und Forschung gehören.

Am 27. März 1845 wird Wilhelm Conrad Röntgen in Lennep geboren, wächst dann aber in den Niederlanden auf. Sein Vater ist Kaufmann, der Familie geht es finanziell nicht schlecht und Wilhelm Conrad bekommt eine gute Ausbildung. Ein guter Schüler ist er allerdings nicht: In Physik bekommt er an der Technischen Schule Utrecht die Note „sehr schlecht". Dennoch wendet er sich nach einem Maschinenbau-studium am Polytechnikum in Zürich der Physik zu. 43-jährig wird er Professor für Physik an der Universität Würzburg. Er gilt als sorgfältiger, fast pedantischer Experimentator, aber keineswegs als Genie!

Das ändert sich am 8. November 1895. Bei seiner Arbeit mit Leuchteffekten entdeckt er ein interessantes Phänomen. Nach Wochen fieberhafter Arbeit ist er sich sicher: Er hat eine neue Art von Strahlen entdeckt. Als Beweis belichtet er die Hand seiner Ehefrau Anna Bertha: Anstelle von Haut und Muskeln sind nur die Knochen zu sehen!

„Nun ging der Teufel los", schreibt Röntgen im Januar 1896. Im deutschsprachigen Raum etabliert sich für die Neuentdeckung schnell der Name „Röntgenstrahlen", während die anglophonen Länder den von Röntgen selbst gewählten Namen „X-rays" verwenden. 1901 erhält der Würzburger Forscher den ersten Nobelpreis für Physik. Er lehrt an verschiedenen Universitäten, unter anderem in Gießen und in München, wo er 1923 stirbt.

1 Wann wurde Röntgen geboren?

2 Wo war er in der Schule?

3 Welche Note hatte er in Physik?

4 Was hat er in Zürich studiert?

5 Wann hat er die Röntgenstrahlen entdeckt?

6 Wessen Hand hat er zuerst mit den neuen Strahlen belichtet?

7 Was geschah 1901?

Now complete the crossword overleaf with more information about Röntgen. Note that in German crosswords umlauts are always replaced by the vowel plus an -*e*, so: *ä = ae, ü = ue, ö = oe.*

Lösen Sie das Kreuzworträtsel.

Waagerecht

1 Röntgen ist in den Niederlanden in die Schule gegangen. Ein anderes Wort für die Niederlande ist _____ .

2 Das deutsche Wort für „X-rays".

3 In diesem Land ist Röntgen geboren und gestorben.

4 In diesem Monat ist Röntgen geboren.

Senkrecht

5 Röntgens zweiter Vorname.

6 In diesem Land hat Röntgen Maschinenbau studiert.

7 In diesem Monat hat er die Röntgenstrahlen entdeckt.

8 Anna Bertha war Röntgens _____ .

9 Das war Röntgen von Beruf.

10 Als er Professor wurde, war er 43 _____ alt.

Lerneinheit 9 **Kurorte**

In *Lerneinheit 9* you will look at another important aspect of health care in Germany – going to a *Kurort*, a health resort or spa. Going to a spa in Germany is a very popular way of either convalescing after an illness or treating a variety of medical complaints, and most people of working age will visit a *Kurort* at least once. The first topic in *Lerneinheit 9* covers *Kurorte*. The second is *Gesund und munter*, the title of the *Hörbericht* for this *Thema*, which covers a wide range of issues to do with the German health system.

By the end of *Lerneinheit 9*, you should know quite a lot about German spas and the German health system. You will have practised giving reasons, using *weil*, and using modal verbs in the imperfect tense.

Topic	Activity and resource	Key points
Kurorte	**1 Text**	reading about *Kurorte*
	2 Text	reading about two people's experiences of a *Kur*
	3–4 Text	practising using modal verbs in the imperfect
	5 Text	writing a letter about your *Kur*
Gesund und munter	**6–12 Hörbericht**	using the *Hörbericht* to study health matters

1   In Germany a *Kur* is a stay in a health resort or spa. Find out more by reading the two adverts below and the article about *Kuraufenthalte* overleaf.

Lesen Sie den Text und schauen Sie sich dann Sätze 1–5 an. Kreuzen Sie jeweils die richtige Alternative an: a oder b.

KUR-STRANDHOTEL DUHNEN
An der Strandpromenade – Seeseite
Abnehmen leichtgemacht *Kamp*
Schlemmen nach Maß unter ärztlicher Aufsicht.
- Kuranwendungen mit nordseetypischen Heilmitteln – Massagen – Fitneßprogramm –
Jeglicher Hotelkomfort – erstklassige Gastronomie
750 m² Kuranlage mit Hallenbad – Kosmetik- und Friseursalon
Sie kuren, wo andere Ferien machen.
Fordern Sie jetzt unseren Spezialprospekt an.
27476 Nordseeheilbad Cuxhaven-Duhnen, T. 0 47 21 / 40 30, Fax 0 47 21 / 40 33 33

Bad Harzburg
Sanatorium am Stadtpark
Herz-Kreislauf · Asthma bronchiale · Durchblutungsstörungen
Stoffwechsel- und Lebererkrankungen · Übergewichtigkeit · Rheuma
Sauerstoffkuren · Fastenkuren · biologische Krebstherapie
PAUSCHALKUREN · BEIHILFEFÄHIG · GANZJÄHRIG · PROSPEKT
Am Stadtpark 2 · 38667 Bad Harzburg · Tel. 0 53 22 / 78 09-0 · Fax 78 09 89

Kuraufenthalte in Deutschland

Eine Kur gehört zum Leben vieler vor allem älterer Menschen in Deutschland. Man verbringt 3–4 Wochen oder länger in einem Kurort und muss sich dort verschiedenen Behandlungen unterziehen. Die Kur dient der Heilung oder der Vorbeugung von Krankheiten. Alle 3 Jahre werden die Kosten für eine Kur von der Krankenkasse getragen – wenn man mehr Luxus will, z.B. ein besseres Kurhotel oder extra-Kurbehandlungen, zahlt man dazu (Stand 1996).

Es gibt spezielle Kurorte, die aus einem bestimmten Grund gut für die Gesundheit sind: In Luftkurorten zum Beispiel ist die Luft besonders gut. Andere Kurorte sind für ihre Heilquellen berühmt, und die Kurgäste trinken das Wasser aus diesen Quellen als Teil ihrer Kur. Kurorte haben normalerweise das Wort *Bad* vor ihrem Namen: Bad Soden und Bad Orb sind Kurorte nicht weit von Frankfurt.

Man kann verschiedene Arten von Kur machen: Eine Saftkur zum Beispiel ist eine Kur, bei der man nur Saft trinkt.

Obwohl manchmal auch junge Leute zur Kur fahren, ist das Freizeitangebot in den Kurorten meist für ältere Leute bestimmt. Es gibt einen Kurpark, in dem man Spaziergänge machen kann, und in dem Kurkonzerte stattfinden.

---

sich einer Behandlung unterziehen
to undergo treatment

die Vorbeugung von Krankheiten
prevention of illnesses

---

1 Duhnen ist ein Kurort
- **a** am Meer. ❑
- **b** in den Bergen. ❑

2 Das Sanatorium in Bad Harzburg
- **a** ist nur im Sommer geöffnet. ❑
- **b** ist zu allen Jahreszeiten geöffnet. ❑

3 Wenn man abnehmen möchte,
- **a** sollte man nach Duhnen fahren. ❑
- **b** kann man nach Duhnen oder nach Bad Harzburg fahren. ❑

4 Während einer Kur
- **a** liegt man den ganzen Tag am Swimming Pool. ❑
- **b** muss man sich jeden Tag medizinischen Behandlungen unterziehen. ❑

5 Für eine Kur bezahlt oft
- **a** die Krankenkasse. ❑
- **b** der Ehepartner. ❑

6 Besonderen Luxus
- **a** muss der Kurgast selbst bezahlen. ❑
- **b** gibt es bei einer Kur nicht. ❑

7 Ein Kurort ist zum Beispiel ein Ort
- **a** mit einem besonders gesunden Klima. ❑
- **b** mit einem besonders großen Krankenhaus. ❑

8 Im Kurpark gibt es viele
- **a** Rockkonzerte. ❑
- **b** Konzerte für die (meist älteren) Kurgäste. ❑

2 Here are two accounts by people who are on a *Kur* in Bad Soden.

Lesen Sie, was Frau Steuber und Herr Heumann über ihre Kur sagen. Ergänzen Sie dann die Sätze 1–7. Verwenden Sie die Ausdrücke von der Liste unter den Sätzen.

„Mein Name ist Steuber. Ich mache eine fünfwöchige Kur in Bad Soden. Ich habe Untergewicht und versuche zuzunehmen, das heißt ich bekomme besonders kalorienreiche Kost im Kurhotel. Ich bin auch hier wegen der Nerven. Ich habe zwei Kinder und gehe auch arbeiten. In den letzten 6 Monaten musste ich über 300 Überstunden machen. Bevor ich hierher kam, war ich völlig gestresst und überarbeitet, ich konnte kaum noch richtig schlafen. Hier auf der Kur habe ich Zeit, mich auszuruhen, schwimmen zu gehen, zu lesen … ich bekomme auch Massagen, das tut mir sehr gut …"

„Mein Name ist Walter Heumann. Ich bin drei Wochen zur Kur in Bad Soden. Ich wollte eigentlich nicht so lange bleiben, aber drei Wochen muss eine Kur mindestens dauern, damit sie von der Krankenkasse anerkannt wird. Ich habe Probleme mit der Wirbelsäule – das bringt der Bürojob mit sich. Es ist ja sehr ungesund, immer nur am Schreibtisch zu sitzen. Hier soll ich mich viel bewegen. Ich mache Unterwasser-Gymnastik und spezielle Wirbelsäulen-Gymnastik und bekomme Massagen und hoffe, in Zukunft nicht mehr so starke Rückenschmerzen zu haben. Ich finde die Kur anstrengend, aber auch langweilig. Ich würde gerne am Wochenende heim zu meiner Familie fahren, aber das durfte ich bis jetzt nicht."

1 Frau Steuber konnte nicht mehr schlafen, weil sie _____ .

2 Sie war sehr gestresst, weil sie _____ .

3 Sie muss besonders kalorienreiche Kost essen, weil sie _____ .

4 Herr Heumann konnte keine zweiwöchige Kur machen, weil die Krankenkasse

_____ .

5 Er soll sich viel bewegen, weil er _____ .

6 Frau Steuber bekommt Massagen, weil das _____ .

7 Herr Heumann bekommt Massagen, weil er _____ .

so gestresst war • dafür nicht bezahlt • sehr viele Überstunden machen musste •
Untergewicht hat • entspannt • Rückenbeschwerden hat • bei der Arbeit immer nur sitzt

USING modal verbs in the imperfect tense

In their accounts of their *Kur*, Frau Steuber said *ich musste über 300 Überstunden machen* and *ich konnte kaum noch schlafen*, and Herr Heumann said *ich wollte nicht so lange bleiben* and *das durfte ich bis jetzt nicht*. These are examples of the imperfect forms of the modal verbs *wollen*, *dürfen*, *müssen* and *können*. These verbs are usually used in the imperfect in German (*ich wollte*) rather than in the perfect (*ich habe gewollt*). Here are the full forms of the imperfect tense of *müssen*, *können*, *wollen* and *dürfen*:

	wollen *to want to*	**dürfen** *to be allowed to*	**müssen** *to have to*	**können** *to be able to*
ich	wollte	durfte	musste	konnte
du	wolltest	durftest	musstest	konntest
er/sie/es	wollte	durfte	musste	konnte
wir	wollten	durften	mussten	konnten
ihr	wolltet	durftet	musstet	konntet
Sie/sie	wollten	durften	mussten	konnten

Here are some examples of how these verbs are commonly used in this tense.

Sie *durfte* ausgehen, wann sie *wollte*. *She was allowed to go out when she wanted to.*
Ich *musste* um neun abfahren. *I had to leave at nine.*
Das *konnte* ich nicht verstehen. *I couldn't understand that.*

Remember that the infinitive is used without *zu* after modal verbs.

3

Lothar Santos has just come back from a two-week visit to a *Kurort*. Unfortunately, he wasn't very happy there! Why not?

Ordnen Sie die Sätze den Bildern zu.

1 Ich musste jeden Morgen um 7 Uhr aufstehen!
2 Ich durfte keinen Alkohol trinken.
3 Ich wollte meinen Hund mitbringen, aber das war verboten.
4 Ich durfte nicht rauchen.
5 Ich konnte abends nicht in die Stadt fahren, weil das Kurhotel mitten im Wald war.

Angelika Hoffmann, on the other hand, had a wonderful time in her *Kurort*.

Übersetzen Sie die folgenden Sätze ins Deutsche.

1 In the afternoons I was allowed to do what I liked.

2 In the mornings I had to take part in exercise classes. That was tiring but also good fun.

3 I wanted to get to know new people, and everybody was very nice.

4 I was able to recover from all the stress at home. I could walk in the park and listen to a concert.

 Now use the language from Activities 1–4 to write a letter to a German friend. Imagine you have just returned from a Kur in Bad Harzburg.

Schreiben Sie einen Brief, der die folgenden Informationen enthält.

- just returned from *Kur*
- very glad to be back home
- *Kur* was extremely boring
- not allowed to do anything interesting
- not allowed to smoke or drink alcohol
- could not go out after 9 pm
- had to get up at seven every morning
- supposed to go to keep-fit at eight (never did go)
- wanted to visit friend at weekend but was not allowed
- asthma got a bit better and lost 4 kg, but don't ever want to go again

  To complete your work on health issues, listen to the *Hörbericht* for *Thema 6*, entitled *Gesund und Munter*. This contains a variety of commentaries and interviews, as well as an advert about health. In these last six activities you will listen to short sections of the *Hörbericht* and do a range of activities to help you make sense of what's being said and to put the *Hörbericht* into perspective.

Hörbericht 6

Hören Sie zuerst den Werbespot für die BKK und kreuzen Sie die richtige Antwort an.

BKK bedeutet   Bayerische Kurkliniken   ❏

               Betriebskrankenkassen   ❏

               Blumenkohl-Kasserolle   ❏

  In this activity, you must decide whether the German expressions listed overleaf are mentioned in the *Hörbericht* or not. Before you listen, match up the German words with their English equivalents. You have met most of these words before. Then listen to Dr. Berger speaking about the German health system (this extract runs until you hear the sound of a cash register).

Hörbericht 6

*Bitte ordnen Sie den deutschen Ausdrücken die englische Übersetzung zu. Hören
Sie dann die Kassette und kreuzen Sie die Ausdrücke an, die Sie hören.*

1	hocheffizientes Krankenversicherungssystem	❑
2	Facharzt	❑
3	gesetzliche Krankenkasse	❑
4	das ist Pflicht	❑
5	Kur	❑
6	Arbeitgeber	❑
7	Arbeitnehmer	❑
8	Bruttolohn	❑

a spa holiday

b public health insurance

c it is obligatory

d specialist

e employer

f employee

g gross income

h highly efficient health insurance
system

Hörbericht 6

In this activity you will compare spoken and written information. Look back at the
text on the German health system in *Lerneinheit 7*, Activity 10, then listen to Dr.
Berger in the *Hörbericht* again (the same section as for Activity 7). What new
information is there in the *Hörbericht* which is not in the written text in Activity 10?
Schreiben Sie einen Satz auf Englisch.

Hörbericht 6

In this activity, you should note down some key information about the German
health service. Listen to the next short section of the *Hörbericht* until Dr. Berger
says „... *ganz schön teuer werden*".

Beantworten Sie die folgenden Fragen auf Deutsch.

1 Was bezahlt die Krankenkasse?

    a _____

    b _____

    c _____

2 Wie viel müssen die Patienten bezahlen, wenn sie ein Medikament kaufen?

    a Für eine kleine Arzneimittelpackung muss man DM _____
Rezeptgebühr bezahlen.

    b Für eine größere Packung muss man DM _____ Rezeptgebühr
bezahlen.

Hörbericht 6

The next section is about people's attitudes to health. Listen until you hear the music. First you will hear Dr. Berger talking about the Germans and their attitudes to health. What exactly does he say?

Was sagt Dr. Berger? Kreuzen Sie die richtigen fünf Sätze an.

I	Viele Leute sind gleichgültig.	❑
2	Sie gehen nicht zum Arzt.	❑
3	Sie rauchen zu viel.	❑
4	Sie essen zu viel.	❑
5	Sie trinken zu viel.	❑
6	Sie machen zu wenig Sport.	❑
7	Sie fahren zu viel Auto.	❑
8	Sie machen gefährliche Sportarten.	❑

Hörbericht 6

Now listen to four more Germans speaking about their attitudes to health.

Von den drei Möglichkeiten (a, b und c) sind jeweils zwei richtig. Kreuzen Sie sie an.

I Dr. Gundlach

    a Ich esse gern. ❑

    b Ich trinke gern Wein oder Bier. ❑

    c Ich möchte 100 Jahre alt werden. ❑

2 Herr Winter

    a Ich habe Angst um meine Gesundheit. ❑

    b Ich bin nicht so vorsichtig. ❑

    c Auch wenn man sehr gesund lebt, wird man vielleicht nicht 90 Jahre alt. ❑

3 Frau Storr

    a Ich mache viel Sport. ❑

    b Ich möchte mehr Zeit haben, um Sport zu machen. ❑

    c Ich bin am Abend oft sehr müde. ❑

4 Frau Patzwahl

    a Ich mache Gymnastik und ich jogge gerne. ❑

    b Ich tue nichts für meine Gesundheit. ❑

    c Ich renne ab und zu zum Bus. ❑

Listen to the last section of the *Hörbericht*. Right at the end you will hear the advert again, but before that Herr Grothe talks about measures aimed at preventive care (*Vorsorgemaßnahmen*) which form part of a health promotion scheme (*ein Gesundheitsförderungsprogramm*). These are not the only long words he uses …

Bilden Sie zusammengesetzte Wörter. Verwenden Sie jeweils zwei Wörter von der Liste. (Manchmal müssen Sie in der Mitte ein „s" einfügen.)

I <u>Gesundheitsförderung</u>

2 _____

3 _____

4 _____

5 _____

> Kranken • Entspannung • Kurse
>
> Joga • Diät • Beratung • Förderung
>
> Technik • Gesundheit • Versicherung

Checkliste

By the end of *Teil 3* you should be able to

○ describe your symptoms to a doctor (*Lerneinheit 7*, Activities 1–2)

Seite 120

○ give and understand advice about health problems (*Lerneinheit 7*, Activities 6–9)

Seiten 122–123

○ use the verb form *sollten* to give advice and express what you think you ought to do (*Lerneinheit 7*, Activities 6–8)

Seiten 122–123

○ use the imperative in both the *du* and *Sie* forms (*Lerneinheit 7*, Activity 9)

Seite 123

○ describe and ask for what you want in a pharmacy (*Lerneinheit 8*, Activities 1, 4–5 and 9)

Seiten 126, 129 & 132

○ use comparative and superlative forms of adjectives and adverbs (*Lerneinheit 8*, Activities 7–8)

Seiten 131–132

○ use the imperfect form of modal verbs (*Lerneinheit 9*, Activities 3–5)

Seiten 138–139

Teil 4

Wiederholung

Teil 4 is, as usual, set aside for revision. You will have the opportunity to revise and consolidate the language and vocabulary presented in *Teile 1–3* and explore some of the themes already covered in greater depth.

Lerneinheit 10 **Rat und Tat**

In *Lerneinheit 10* you will look at situations where you are either giving or seeking advice. There are three topics: *Health in general, Discussing a specific problem* and *Going to the pharmacy*. You will revise modal verbs, imperatives and adjectives, as well as vocabulary to do with health problems and diet.

STUDY CHART

Topic	Activity and resource	Key points
Health in general	**1 Text**	revising vocabulary through a word search
	2 Text	doing a health quiz
	3 Text	practising imperatives
	4 *Übungskassette*	reporting on advice from a doctor
Discussing a specific problem	**5 Text**	writing a letter asking for advice about diet
	6 Text	checking you've understood advice
Going to the pharmacy	**7 Text**	revising word order
	8 Text	revising comparative forms of adjectives
	9 Text	revising useful vocabulary
	10 *Übungskassette*	listening to an advertising jingle

What reasons might you have for going to see a doctor or a pharmacist? Find ten health problems in the grid below. The words may be hidden diagonally, vertically, horizontally, backwards, right to left or left to right.

Suchen Sie zehn Wörter.

S	O	N	N	E	N	B	R	A	N	D	C	K
I	A	M	K	H	L	C	M	R	G	B	O	U
L	W	G	R	I	P	P	E	M	L	P	J	S
A	G	J	L	K	S	B	L	S	F	C	N	C
L	N	A	L	C	E	F	O	S	A	P	K	H
L	U	K	A	I	G	S	C	C	K	L	O	N
E	T	A	F	P	R	H	I	R	I	P	K	U
R	L	Q	H	J	M	E	U	D	R	S	L	P
G	Ä	L	C	E	Y	W	A	S	E	R	N	F
I	K	E	R	C	S	O	G	H	T	B	S	E
E	R	Z	U	Q	E	M	A	R	Z	E	C	N
E	E	M	D	I	C	T	F	D	L	P	N	I
N	O	I	T	K	E	F	N	I	M	R	Z	T

How good is your general health?

Lesen Sie den Gesundheitstest und beantworten Sie die Fragen. Addieren Sie dann Ihre Punkte und lesen Sie Ihre Testauswertung.

Wie gut wird Ihr Körper mit Krankheiten fertig?

15 Fragen, die Sie ehrlich beantworten sollen!

1   Sind Sie pro Winterhalbjahr mehr als zweimal stark erkältet?
Ja (3 Punkte) ❑   Nein (0 Punkte) ❑

2   Haben Sie viel Stress im Beruf oder Probleme in der Familie?
Ja (4 Punkte) ❑   Nein (0 Punkte) ❑

3   Stehen Sie ständig unter großem Zeitdruck?
Ja (4 Punkte) ❑   Nein (0 Punkte) ❑

4   Rauchen Sie?
Nein (0 Punkte) ❑
Bis zu 10 Zigaretten täglich (3 Punkte) ❑
Eine Schachtel Zigaretten am Tag (6 Punkte) ❑

5   Sind Sie oft in trauriger Stimmung?
Ja (3 Punkte) ❑   Nein (0 Punkte) ❑

6   Leiden Sie an Schlafstörungen?
Ja (5 Punkte) ❑   Nein (0 Punkte) ❑

7   Leiden Sie an Allergien?
Ja (4 Punkte) ❑   Nein (0 Punkte) ❑

8   Nehmen Sie regelmäßig Medikamente?
Ja (3 Punkte) ❑   Nein (0 Punkte) ❑

9   Dauert es lange, bis Wunden bei Ihnen verheilt sind?
Ja (3 Punkte) ❑   Nein (0 Punkte) ❑

10   Essen Sie täglich frisches Obst und Gemüse?
Ja (0 Punkte) ❑   Nein (5 Punkte) ❑

11   Stehen Vollkorn-Getreideprodukte, Milch oder Milchprodukte täglich auf Ihrem Speiseplan?
Ja (0 Punkte) ❑   Nein (4 Punkte) ❑

12   Essen Sie häufig fettes Fleisch oder Süßigkeiten?
Ja (5 Punkte) ❑   Nein (0 Punkte) ❑

13   Wie oft treiben Sie Sport?
Täglich mindestens eine Viertelstunde (0 Punkte) ❑
Einmal in der Woche (1 Punkt) ❑
Sehr unregelmäßig (3 Punkte) ❑
Überhaupt nicht (4 Punkte) ❑

14   Gehen Sie täglich mindestens eine halbe Stunde an die frische Luft?
Ja (0 Punkte) ❑   Nein (3 Punkte) ❑

15   Haben Sie Übergewicht?
Nein (0 Punkte) ❑
Ja, aber nicht mehr als 5 Kilo (2 Punkte) ❑
Ja, mehr als 5 Kilo (4 Punkte) ❑

Testauswertung

0 bis 10 Punkte

Herzlichen Glückwunsch! Ihr Immunsystem funktioniert bestens und schlägt Erkältungs-Viren, Pilze und andere Keime schnell in die Flucht. Auch mit Stress werden Sie gut fertig. Machen Sie weiter so!

11 bis 25 Punkte

Grundsätzlich achten Sie auf Ihre Gesundheit. Doch nicht immer gelingt es Ihnen, konsequent die Balance zwischen Stress und Erholung zu halten. Sie sollten deshalb mehr für Entspannung sorgen. Nehmen Sie sich öfter die Zeit, einen frischen Salat zuzubereiten. Auch Ballaststoffe in der Ernährung sind wichtig und schützen vor Krankheiten.

26 bis 40 Punkte

Sie sind zu leichtsinnig! Stress und zu viel Unregelmäßigkeit in punkto Ernährung und Schlaf bestimmen Ihr Leben. Ihr Immunsystem braucht jetzt unbedingt so viel Unterstützung wie möglich. Achten Sie darauf, ausreichend zu schlafen, weniger zu rauchen und nur wenig Alkohol zu trinken. Nehmen Sie Ihre Schwachpunkte in Angriff, und stellen Sie alles ab, bis Sie im Test eine niedrige Punktezahl erreicht haben.

41 bis 60 Punkte

Bei dieser Punktezahl sollten Ihre Alarmglocken läuten: Ihr Immunsystem ist stark angegriffen, und Ihr Gesundheitszustand ist kritisch. Gehen Sie auf jeden Fall zum Arzt und lassen Sie sich gründlich untersuchen.

---

3 *Lesen Sie die Testauswertung für alle vier Resultate und schreiben Sie dann die fehlenden Verben in die Lücken.*

1 _____ Sie weiter so!

2 _____ Sie sich öfter die Zeit, einen frischen Salat zuzubereiten.

3 _____ Sie darauf, ausreichend zu schlafen.

4 _____ Sie Ihre Schwachpunkte in Angriff.

5 _____ Sie alles ab, bis Sie im Test eine niedrige Punktezahl erreicht haben.

6 _____ Sie auf jeden Fall zum Arzt.

7 _____ Sie sich gründlich untersuchen.

 4 Imagine you are someone who has not scored very well in the *Gesundheitstest*. You have just been to see a doctor: now you are telling a friend about your visit.

Hören Sie Hörabschnitt 14 und sprechen Sie in den Pausen. Sie werden unter anderem die folgenden Wörter brauchen.

Gesundheitsprobleme • Diät einhalten • Übergewicht • Blutdruck • Sport treiben

5

This activity will prepare you to write a letter asking for advice about your diet.

Imagine you are 38 years old and seriously underweight. Use the language you have learned in this *Thema* to write a letter to the problem page of a magazine. In your letter you should include the points listed below.

Bitte schreiben Sie einen Brief.

- your problem is that you are underweight and think that you are unattractive; you are 1.78 m tall but weigh only 53 kg (man), 49 kg (woman)
- your doctor says you should eat fatty foods, but you cannot stand fatty things
- you like sweets, but you think it is unhealthy to eat too many and you are trying to keep up a healthy life style
- you have to be at work at 7.30 every morning so you don't have breakfast – you cannot eat anything so early
- you like your job, though it can be very stressful at times, and you drink a lot of coffee and tea in the office
- ask what you should do

Liebe Frau von Vlönitz,

ich bin 38 Jahre alt und schreibe Ihnen, weil ich ein Problem habe: ...

Für Ihre Hilfe wäre ich Ihnen sehr dankbar.

Mit freundlichen Grüßen,

6

Here is the answer from Frau von Vlönitz.

Lesen Sie den Brief. Sie erzählen einem Freund oder einer Freundin, was Sie machen sollen. Kreuzen Sie die vier richtigen Sätze an.

Liebe Frau X/Lieber Herr X,

Sie haben wirklich extremes Untergewicht. Aber das hat auch sein Gutes: Denn – anders als die meisten Leute – können Sie essen, was Sie wollen.

Es gibt viele Nahrungsmittel, die sehr kalorienreich und trotzdem gesund sind, zum Beispiel Avocados und Oliven, und auch Schokolade und Pudding sind an sich nicht ungesund.

Mein Rat ist deshalb: Essen Sie, was Ihnen schmeckt. Kaufen Sie frische Lebensmittel ohne Konservierungsstoffe usw., dann brauchen Sie sich keine Sorgen um den gesunden Lebensstil zu machen.

Wichtig ist vor allem auch, dass Sie frühstücken. Es muss kein großes Frühstück sein, aber wenigstens ein Glas Milch und eine Scheibe Toast oder eine Banane. Auch im Büro können Sie vielleicht Ihren Kaffeekonsum reduzieren und statt dessen Traubensaft oder Milch oder heiße Schokolade trinken – mit einem Stück Kuchen am Nachmittag.

Und vielleicht finden Sie jemanden, der regelmäßig mit Ihnen schwimmen geht. Schwimmen ist ein gute Sportart, um den Körper in Form zu bringen, und um Appetit auf die nächste Mahlzeit zu bekommen.

Ich hoffe, ich habe Ihnen mit meiner Antwort helfen können.

Mit freundlichen Grüßen,

Ihre

Klara von Vlönitz

1 Ich soll im Büro heiße Schokolade trinken. ❏

2 Ich soll keinen Kuchen essen. Das ist ungesund. ❏

3 Ich soll auch die Sachen essen, die ich gar nicht mag. ❏

4 Ich soll essen, was mir schmeckt. ❏

5 Ich soll viel Kaffee konsumieren. ❏

6 Ich soll schwimmen gehen, um Appetit zu bekommen. ❏

7 Ich soll Pudding mit Oliven essen. ❏

8 Ich soll auf jeden Fall frühstücken. ❏

7

In Activities 7–9 you will revise language you might need at a pharmacy. You will also practise complex sentences and adjectival endings.

You are on holiday in Germany and need to go to a pharmacy. Here is some advice from the pharmacist. Can you unjumble the sentences?

Bitte ordnen Sie die Sätze.

1 Sie – gegen Verbrennungen – kaufen – sollten – eine Creme – weil – die Sonne – sehr gefährlich – zu dieser Jahreszeit – ist

2 Bei – einer Verbrennung – sehr starken – Sie – sollten – zum Dermatologen gehen

3 Sie – beim Genuss von – vorsichtig – süßen Lebensmitteln – sein – sollten – um – zu vermeiden – Insektenstiche

4 Wenn – dauert – Ihre Erkältung – länger als eine Woche – Sie – einen Arzt konsultieren – sollten

5 Es – wichtig – ist – den E111-Schein – verlieren – nicht zu

6 Am besten – Sie – die Nummer der Notarztzentrale – sich – notieren – sollten – weil – die – anders – ist – in jeder Stadt

8 You need some items from a pharmacy. Unfortunately, they don't initially offer you exactly what you want and you need to be assertive.

Bitte schreiben Sie auf, was Sie in der Apotheke sagen würden.

I a smaller bottle   Ich möchte eine kleinere Flasche.

2 a cheaper thermometer

3 a more effective cream

4 a larger packet

5 a stronger cough mixture (*der Hustensaft*)

6 a cream with a higher sun-protection factor (*der Sonnenschutzfaktor*)

9 *Welche der unten angegeben Gegenstände brauchen Sie für Ihre Reiseapotheke? Kreuzen Sie sie an.*

I Kohletabletten ☐

2 Pflaster ☐

3 Teddybär ☐

4 Fieberthermometer ☐

5 Skalpell ☐

6 Deutsche Grammatik ☐

7 Aspirin ☐

8 E111-Schein ☐

9 Kamillentee ☐

10 Nasentropfen ☐

11 Ohrentropfen ☐

12 Sonnenschutzmittel ☐

13 Insektenlotion ☐

10 Here is an advert from German radio.

Hören Sie den Werbespot in Hörabschnitt 15 und beantworten Sie die Frage: Für was für ein Produkt wird hier Werbung gemacht?

Lerneinheit 11 **Fit für's Leben**

In *Lerneinheit 11* you will look at ways in which people try to stay fit and healthy. You will also revise more grammar and vocabulary from this *Thema*. There is also some practice in writing a formal letter requesting information. There are two topics: *Staying healthy* and *Staying fit*.

STUDY CHART

Topic	Activity and resource	Key points
Staying healthy	I Text	revising vocabulary incorporating the word *Kur*
	2–3 *Übungskassette*	listening to someone's experience of a *Kur*
	4 Text	writing a letter asking for information
	5 Text	revising compound noun formation
	6 Text	revising giving your opinion
Staying fit	7 Text	revising giving reasons
	8 Text	comparing different types of sport
	9 *Übungskassette*	practising *um … zu …* in a dialogue
	10 Text	revising modal and reflexive verbs

Complete the word flower below by adding as many words as you can remember which begin or end with *-kur-*.

Schreiben Sie Wörter, die mit Kur- beginnen oder auf -kur enden.

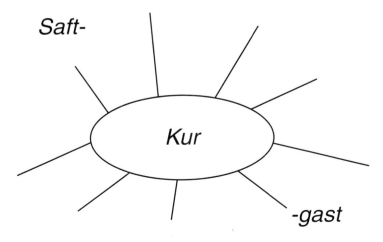

2

Now listen to Frau Schmidt talking about *Kurorte* and *Kuren*.

Hören Sie Hörabschnitt 16 und entscheiden Sie: Sind die folgenden Sätze richtig oder falsch?

	RICHTIG	FALSCH
1 Frau Schmidt hat letztes Jahr eine Kur gemacht.	☐	☐
2 Frau Schmidt leidet an Osteoporose.	☐	☐
3 Frau Schmidt hatte viel Spaß in der Kur.	☐	☐
4 Frau Schmidt musste nur neunzig Mark bezahlen.	☐	☐
5 Alle drei Jahre bekommt man eine Kur.	☐	☐
6 Frau Schmidt hat sehr oft Rückenschmerzen.	☐	☐
7 Frau Schmidt macht im Juni noch eine Kur im Schwarzwald.	☐	☐
8 Für die Kur in Wildbad bezahlt die Krankenkasse.	☐	☐

 3

Hören Sie jetzt Hörabschnitt 16 noch einmal und beantworten Sie die Fragen auf Deutsch. Machen Sie ganze Sätze und verwenden Sie die Stichwörter.

1 Wer leidet besonders an Osteoporose? (älter – Frauen)

2 Warum war die Kur in Bad Elster so anstrengend? (zwei – Behandlungen)

3 Wie hat Frau Schmidt sich am Ende der Kur gefühlt? (weh – tun)

4 Warum macht Frau Schmidt noch eine Kur dieses Jahr? (Rückenschmerzen)

4

Imagine you suffer from osteoporosis and you would like some more details about the *Kurort* and the treatment advertised here.

Write a formal letter to the *Sanatorium* incorporating the points listed below. Don't forget to begin and end your letter appropriately.

Schreiben Sie einen Brief an das Moorsanatorium.

- you saw the advertisement recently in *Die Welt*
- you would like a brochure and further information about the *Sanatorium* and the *Kurort*
- you are particularly interested in the treatment for osteoporosis
- you will be paying for the *Kur* yourself and would like a price list and a registration form
- you would also like to know if there are any reductions for partners

5

Now decide which two words from each of the two columns below could be joined together to form compound nouns. Most of the completed nouns are long words you have met in *Thema 6*.

Ordnen Sie die Worthälften zu.

1	Rücken	**a**	heben
2	Tier	**b**	bedarf
3	Rinder	**c**	geräte
4	Energie	**d**	transport
5	Kinder	**e**	schmerzen
6	Gewicht	**f**	gäste
7	Fitness	**g**	kasse
8	Kranken	**h**	wahnsinn
9	Milch	**i**	haus
10	Reform	**j**	produkte
11	Kur	**k**	betreuung

6

Do you remember Manuela Voigt, who appeared in the video at the fitness centre? Here you should say what she thinks about the way she lives.

Schreiben Sie einen vollständigen Text. Verwenden Sie die Stichwörter.

Manuela Voigt

glauben – gesund leben!

viel Obst, Gemüse, Getreideprodukte, z.B. Müsli

Vegetarierin: Käse essen – Eiweiß bekommen

Meinung: Fleisch ungesund, weil voller Hormone

Arzt sagt: Mehr Milchprodukte, aber mag kein Jogurt

regelmäßig Reformhaus – Qualität besser als Supermarkt

Mitglied im Fitnesszentrum – Step-Fit-Klasse besuchen

Geräte benutzen – gegen Speck ankämpfen

7

In Activity 8 you will read an article about the benefits of different kinds of sport. To prepare for it, look again at some of the reasons why people do sports.

Ordnen Sie den deutschen Ausdrücken die englische Übersetzung zu.

1	um Ausdauer zu entwickeln/ die Kondition zu steigern	**a**	to strengthen the cardiovascular system
2	um Spaß zu haben	**b**	to develop stamina
3	um den Kreislauf zu stärken	**c**	to strengthen the muscles
4	um Fett abzubauen	**d**	to have fun
5	um die Muskeln zu stärken	**e**	to reduce fat

8 *Lesen Sie jetzt den Artikel „Sportarten im Test" und füllen Sie die Tabelle auf Seite 155 aus.*

hervorragend geeignet
extremely suitable

besonders geeignet
particularly suitable

geeignet *suitable*

bedingt geeignet *of limited suitability*

nicht geeignet
not suitable

Sportarten im Test

Schwimmen

Hervorragendes Training für geübte und ungeübte Sportler, stärkt den Kreislauf und hilft Fett abzubauen.

Kegeln

Macht Spaß, ist aber als Fitness-Training nur bedingt geeignet.

Spazieren gehen

Nur schnelles Gehen steigert die Kondition. Besonders geeignet für ältere Leute und Personen, die aus medizinischen Gründen nicht joggen sollten. Wählen Sie eine 3 km lange Strecke aus und versuchen Sie, sie in 20 Minuten oder weniger zu absolvieren.

Gewichtheben

Hervorragend zur Stärkung der Muskeln, nicht so geeignet, um Fett abzubauen oder Ausdauer zu entwickeln.

Seilspringen

Nicht so einfach, wie es sich anhört. Bevor Sie beginnen, sollten Sie sich informieren, wie man am besten springt. Geeignet, um Ausdauer zu entwickeln und Fett abzubauen.

Rad fahren

Ihre Fitness steigern Sie nur, wenn Sie lange genug, schnell genug und regelmäßig genug fahren. Hervorragend geeignet, um Fett abzubauen.

Joggen

Hervorragend als Ausdauertraining und um Fett abzubauen. Nicht für jeden geeignet. Im Zweifelsfall fragen Sie Ihren Arzt.

Sie möchten	geeignete Sportarten
Ausdauer entwickeln/Kondition stärken	*schnelles Gehen, Seilspringen*
Spaß haben	
Kreislauf stärken	
Fett abbauen	
Muskeln stärken	

9 Now that you know how different sports can be helpful, practise using the language from Activity 8 in *Hörabschnitt 17*.

Lesen Sie die Stichwörter und arbeiten Sie dann mit Hörabschnitt 17. Machen Sie Sätze mit „um … zu …“.

1 So, guten Tag. Was ist denn Ihr Lieblingssport?

(Schwimmen – Ausdauer stärken)

Mein Lieblingssport ist Schwimmen. Ich schwimme, um meine Ausdauer zu stärken.

2 Joggen – Übergewicht abbauen

3 Kegeln – sich bewegen und Leute treffen

4 Volleyball – Spaß haben und sich bewegen

5 Rad fahren im Wald – die frische Luft genießen und fit bleiben

10 Not everybody does sport just for fun or to keep fit. Sometimes competition is involved. Read these accounts by the former ice-skating champion, Sabrina F. and her trainer, Lutz W.

Lesen Sie, was Sabrina F. sagt und ergänzen Sie die Modalverben im Imperfekt.

„Vormittags _____ wir in die Schule gehen und nachmittags zum Training. Wir haben trainiert, bis uns alles so weh getan hat, dass wir uns kaum noch bewegen

_____ . Abends in die Disko oder ins Kino gehen wie alle anderen Jugendlichen –

das _____ wir nicht. Das hatte der Trainer streng verboten. Wenn wir

irgendetwas machen _____ , _____ wir immer zuerst den Trainer

fragen. Nur in den großen Ferien im Sommer _____ wir uns ein bisschen

ausruhen und Spaß haben, aber auch dann _____ wir aufpassen, dass wir fit

blieben. Neulich habe ich mit einer Schulfreundin gesprochen und sie hat gesagt: ‚Erinnerst

du dich an den Bio-Lehrer, den wir in der sechsten Klasse hatten – der immer so lustig war?

Bei dem _____ wir immer laut sein und _____ nie Hausaufgaben

machen.‘ Und ich habe gesagt: ‚Ich erinnere mich nicht. Ich denke nicht gern an meine

Kindheit zurück.‘“

Lesen Sie jetzt, was der Trainer Lutz W. sagt und ergänzen Sie die Reflexivpronomen.

„Die Mädchen haben sehr hart trainiert, aber es war nicht so, dass sie _____ nicht auch mal ausruhen konnten. Wir hatten beim Training immer auch viel Spaß, und manchmal haben wir _____ ins Café gesetzt und _____ unterhalten. Ich habe _____ auch immer die Zeit genommen, über Probleme zu diskutieren, wenn es welche gab. Verboten habe ich den Mädchen nichts. Aber ich habe immer gesagt: ‚Ihr dürft _____ nicht hängen lassen, ihr müsst _____ anstrengen, und ihr müsst _____ immer fit halten, auch in den Sommerferien.' Und die wollten ja trainieren, die wollten _____ ja gar nicht in die Sonne legen und faulenzen. Die wussten ja auch: Wenn ich _____ nicht anstrenge, dann ist es vorbei mit dem Traum von der Prinzessin auf dem Eis, von der Medaille. Und wenn ich _____ jetzt erinnere an meine Zeit als Trainer, dann denke ich: Das war doch eine schöne Zeit."

Lösungen Thema 5

Lerneinheit I p2

1

1 Sie heiraten am **15. Mai** auf dem Standesamt und am **17. Mai** in der Kirche.

2 Sie **feiern** im **Restaurant „Da Giovanni"**.

2

1 Traditionally the parents of the bride used to pay for the wedding, but nowadays young people who are getting married don't expect their parents to pay. Also, couples often don't get engaged before getting married, although this is becoming more popular again.

2 Cards are sent to relatives, friends and acquaintances.

3 The bride and groom sweep up broken crockery because they want to start their marriage with something new. Broken crockery is supposed to bring them luck.

4 After a civil ceremony divorced people can re-marry in a Protestant church, but not in a Catholic church.

3 You should have found ten or more of the following:

die Hochzeit (-en)	wedding
die Trauung (-en)	another word for wedding ceremony
die kirchliche Trauung	church wedding
die standesamtliche Trauung	registry office wedding
das Standesamt (ˉer)	registry office
heiraten	to get married
die Verlobung (-en)	engagement
sich verloben	to get engaged
die Verlobungskarte (-n)	engagement card
der Trauring (Ehering) (-e)	wedding ring
das Hochzeitsfest (-e)	wedding party

der Polterabend (-e)	from *poltern*, to crash or thump around (you will know the word *Poltergeist*)
das Brautpaar (-e)	the bride and groom (*die Braut und der Bräutigam*)
die Ehe (-n)	marriage
die Eheschließung (-en)	this means the official marriage ceremony
der Trauzeuge (-n)	witness
das Aufgebot bestellen	to call the banns
sich trauen lassen	to take part in the ceremony of marriage

4

1 Frau Bitzer ist für die Eheschließungen zuständig/verantwortlich.

2 Man muss ein Aufgebot bestellen/ verschiedene Papiere vorlegen.

3 Der Standesbeamte/die Standesbeamtin prüft, ob man heiraten darf.

4 Die Trauzeugen müssen unterschreiben.

5 Und Bianca Riexinger, **wollen** Sie ebenfalls mit dem hier **anwesenden** Salvatore Eacovone die Ehe **schließen**? Dann **antworten** Sie bitte ebenfalls mit „ja".

Dann, nachdem Sie jetzt beide die von mir **gestellte** Frage hier mit „ja" **beantwortet** haben, stelle ich fest, dass Sie jetzt rechtmäßig **verbundene** Eheleute sind.

6
1 c
2 b
3 a
4 c

7 1 f 2 b or d 3 a 4 j 5 e 6 i 7 h
8 c 9 g 10 k 11 b or d

8 Model answers are provided in *Hörabschnitt 1*, and the written version in the transcript booklet.

9

2 Die Blumen werden von der Schwiegermutter bestellt.

3 Die Gästeliste wird von der ganzen Familie zusammengestellt.

4 Die Ehe wird von der Standesbeamtin geschlossen.

5 Die Heiratsurkunde wird vom Brautpaar und von den Trauzeugen unterschrieben.

6 Die Fotos werden von einem Freund gemacht.

10 Model answers are provided in *Hörabschnitt 2*, and the written version in the transcript booklet.

Lerneinheit 2   p10

1

1 Bei den Doblers werden Geburtstage in der Familie **immer groß gefeiert**.

2 Wenn Herr Dobler oder seine Frau Geburtstag haben, dann **kommen natürlich auch die Neffen usw**.

3 Herr Dobler hält es wie **sein Vater**.

4 Beim Geburtstag seines Vaters war die ganze Familie dabei, einschließlich **Kinder**, **Enkel und Urenkel**.

5 Rudolf Doblers Vater sagte immer, dass **es jetzt wieder mal schön war**.

2

1 Alice Kurz hat im Sommer Geburtstag.

2 Er wird mit einem Grillfest gefeiert.

3 Das findet irgendwo im Wald statt.

4 Sie bringen z.B. Fleisch mit.

5 Sie macht Salate und Brot.

6 Sie kauft Getränke ein.

7 Sie bäckt vielleicht einen Geburtstagskuchen.

3 Familie Gelbert aus Bonn kündigt die Geburt von Melissa an.

Ein Großvater in Büttelborn feiert seinen 80. Geburtstag.

Thomas und Petra in Mülheim heiraten in der Kirche.

Schneewittchen wird von Bärchen geliebt.

Oliver hat die Meisterprüfung bestanden.

Sabrina in Tübingen hat ein Brüderchen bekommen.

4

1 Liebe Familie Gelbert,

den **herzlichsten** Glückwunsch **zur** Geburt Ihrer **Tochter** Melissa. Wir **wünschen** Ihnen alles **Gute** und hoffen, dass Sie nicht zu viele schlaflose Nächte haben!

Mit unseren guten Wünschen,

Ihre Christine Schmidt und Walther Machmann

2 Liebe Frau Kröger, lieber Herr Kröger,

zu **Ihrer** Hochzeit gratulieren wir **Ihnen** ganz herzlich und wünschen **Ihnen** alles Gute auf **Ihrem** gemeinsamen Lebensweg.

Familie Elstermann

3 Lieber Willi,

schon wieder ein Jahr vorbei! **Ich** gratuliere **dir** und freue **mich** auf das Riesenfest. Grüß **deine** ganze Familie sehr.

Bis bald, dein Curt

5 Model answers are provided in *Hörabschnitt 3*, and the written version in the transcript booklet.

6 Here is a model letter. Compare it with yours – did you manage to write something similar?

Liebe Sabine,

hab nochmal vielen Dank für deine Einladung. Es tut mir so leid, dass ich nicht kommen konnte. Es war sicher eine tolle Geburtstagsfeier. Übernächsten Samstag möchte ich ein paar Freunde zum Abendessen einladen. Ich würde mich sehr freuen, wenn du kommen könntest.

Herzliche Grüße,

(Name)

7

1 Thomas and Kai sind auf eine Party eingeladen.

2 Sie haben sich im Café Corso kennen gelernt.

3 Weil es sehr schön ist, /Weil es etwas Besonderes ist, /Es kommt aus der Türkei, /und Orhan benutzt es nur für Parties.

4 Es gibt Weinblätter mit Reis gefüllt/und Schafskäse/und Kebabs.

5 Kai bekommt Cola zu trinken.

6 Sonja wollte nicht kommen/, weil sie etwas für's Wochenende vorhatte/weil sie eifersüchtig auf Bettina ist (*she is jealous*).

7 Kai hat morgen Geburtstag.

8 Bettina und Sonja gehen nach Hause, weil Sonja einen Schwips hat/und weil sie einen Teller zerbrochen hat.

---

8 1 b Bettina fragt Kai, ob er Hunger hat.

2 e Thomas möchte wissen, was es zu trinken gibt.

3 a Bettina fragt Orhan, ob er das Essen allein gemacht hat.

4 d Orhan fragt Bettina, warum sie Vegetarierin ist.

5 f Kai will wissen, was Apfeltee ist.

6 c Sonja fragt Thomas, ob er sich an sie erinnert.

---

9 2 Sie hat ihn gefragt, ob das schwierig zu kochen ist.

3 Er hat ihn gefragt, ob er die Sonja gesehen hat.

4 Sie hat ihn gefragt, ob er denn etwas Besonderes macht.

5 Sie hat ihn auch gefragt, ob viele Freunde zu Besuch kommen.

6 Er hat sie gefragt, ob es ihr schmeckt.

7 Er hat sie gefragt, ob sie zu seinem Geburtstag kommt.

10

Singular	Plural
die Minute	die Minuten
die Straßenbahn	**die Straßenbahnen**
die Universität	**die Universitäten**
das Ding	die Dinge
die Einladung	**die Einladungen**
die Woche	die Wochen
die Galerie	**die Galerien**
das Jahr	**die Jahre**
der Hunger	(*no plural*)
das Fleisch	(*no plural*)
der Fisch	die Fische
das Weinblatt	die Weinblätter
der Geburtstag	**die Geburtstage**
die Mutter	**die Mütter**
das Fest	die Feste

Lerneinheit 3 p18

1 1 Todesfälle und andere Familienereignisse werden in den Zeitungen bekannt gegeben.

2 Todesfälle werden von der engeren Familie, von Arbeitgebern, Vereinen und beruflichen Genossenschaften in den Zeitungen bekannt gegeben.

3 Es ist noch üblich, dass die engere Familie Todesanzeigen per Post verschickt.

4 In manchen ländlichen Gegenden wird noch längere Zeit nach der Beerdigung oder Beisetzung Schwarz getragen.

---

2 1 Die engere Familie gibt Familienereignisse in den Zeitungen bekannt.

2 Auch Arbeitgeber setzen Anzeigen in die Zeitung.

3 Die Familie legt die Termine fest.

4 Die ältere Generation trägt auch heute noch schwarze Kleidung.

5 Die Sekretärin bestellt heute die Blumen.

6 Die Direktion bespricht die Anzeige.

---

3 Paul Grimm ist im **Alter** von 88 Jahren **gestorben**. Die **Trauermesse** hat am 21. Dezember 1992 um 8.00 Uhr in der Liebfrauenkirche Ravensburg **stattgefunden**. Der Trauermesse **folgte** drei **Stunden** später die **Trauerfeier**. Paul Grimm hatte, bis er **pensioniert** wurde, für das Amt für Wasserwirtschaft und Bodenschutz in Ravensburg **gearbeitet**. Er wurde als zuverlässiger und hilfsbereiter **Kollege geschätzt**.

---

4 Were you able to find translations for all the dishes on this menu? *Flädlesuppe* is a Swabian speciality, a consommé containing thinly sliced pancakes. *Maispoulardenbrust* is breast of maize-fed chicken and *Spinatfüllung*, a spinach stuffing. *Mohrenköpfe* are round, cream-filled cakes rather like profiteroles.

---

5 1 Wir erlauben uns, **Ihnen unsere aufrichtige Teilnahme zu bekunden**.

2 In stillem **Gedenken**.

3 Wir sprechen **Ihnen unser tiefes Mitempfinden und herzliches Beileid aus**.

4 Wir wünschen Ihnen **besonders in diesen Tagen Gottes Beistand und seinen Trost**.

6
1 Wir bräuchten mehr solche Männer.
(*Note that* bräuchten *is in the subjunctive case, literally meaning 'we would need more men like that'.*)

2 Für mich hat er sehr viel für die Wiedervereinigung getan.

3 Er war schon ein großer Mann.

4 Wir könnten ihn jetzt brauchen.

5 Er hat nie angegeben.

6 Meine Mutter ist in der SPD.

7 Er war ein aufrichtiger Sozialdemokrat.

8 Mich hat seine ruhige Art beeindruckt.

7
2 Er hatte eine ruhige und schöne Art, Probleme anzugehen.

3 Er hat viel für die Wiedervereinigung getan.

4 Er war aufrichtig.

5 Er hat nie angegeben.

6 Er hat mehr eingesteckt als ausgeteilt.

7 Er war nicht verlogen.

8 Willy Brandt wurde 1913 in Lübeck geboren. Schon 1929 ist er in die SPD eingetreten. Aber 1933 musste er nach Norwegen emigrieren, als Hitler an die Macht kam. Erst 1947 kam er nach Deutschland zurück. 1957 wurde er zum Bürgermeister von Berlin gewählt und 1969 zum Bundeskanzler von Westdeutschland. 1971 erhielt er den Friedensnobelpreis, denn er hat viel für die Ostpolitik getan. 1974 trat er als Kanzler zurück. Er war ein aufrichtiger Sozialdemokrat. Manche Leute fanden, dass er eine ruhige Art hatte, Probleme anzugehen. Andere finden, dass wir so einen Mann wie Willy Brandt auch heute gebrauchen können. In Bonn könnten viele von ihm lernen. Am 8. Oktober 1992 ist er gestorben.

9 What did you think of Kästner's poem? He wrote a number of short, often satirical poems as well as short stories and longer works. He is perhaps best known in English translation for his children's book, *Emil and the Detectives*.

Lerneinheit 4　　　p27

1 **b 1** Dieter S.　**c 5** Werner Z.　**d 7** Inge S.
e 3 Gudrun P.　**f 2** Astrid K.　**g 6** Franz W.

2 Model answers are provided in *Hörabschnitt 4*, and the written version in the transcript booklet.

3
1 Richtig.

2 Falsch. („… *die ist anders als der Karneval.*")

3 Richtig.

4 Richtig.

5 Falsch. („… *diese Fastnacht ist speziell in katholischen Regionen … in protestantischen nicht …*")

6 Falsch. („… *jede Stadt hat ihre eigene Tradition und ihre eigenen Gebräuche …*")

4
1 The girls are dressed as witches because it is *Fastnacht* (which starts on 11 November).

2 During *Fastnacht* people wear fancy dress and drive out the winter.

3 The tradition of *Fastnacht* is centuries old.

4 No, the young women dress up every year.

5 The witch's costume is called a *Häs*. It consists of a mask, a shirt, a jacket, a shawl, a skirt, an apron, different socks and raffia shoes (*Bastschuhe*).

5 Die Besucher des Narrensprungs kommen aus
1 Neuguinea, **3** Karlsruhe, **4** Sindelfingen,
6 Ludwigsburg, **7** Hannover.

6
1 e Geldbeutel wurden gewaschen.

2 d Schnecken und Heringe wurden gegessen.

3 b Fastnachts-Puppen wurden verbrannt oder begraben.

4 c Viel starker Kaffee wurde getrunken.

5 a Gottesdienste wurden abgehalten.

7 This is what your letter might look like:

Liebe/r …,

Wie geht's? Ihr seid sicher erstaunt, einen Brief von mir aus Rottweil zu bekommen! Ich wurde zur Fastnacht in Rottweil eingeladen, die heißt hier Fasnet und ist ganz anders als der Karneval in Köln/als der Kölner Karneval. Die Fasnet ist für die meisten Rottweiler ein großes Ereignis./Für die meisten Rottweiler ist die Fasnet ein großes Ereignis. Viele Leute verkleiden sich, und die „Narren" tragen sehr interessante Kostüme. Die meisten Leute dort waren Rottweiler, aber ich habe auch Münchner und Hannoveraner kennen gelernt und einige Besucher aus Neuseeland. (Ich muss sagen,) ich fand einige der Traditionen recht frauenfeindlich, zum Beispiel dürfen Frauen erst seit kurzem beim Narrensprung mitmachen (am Narrensprung teilnehmen), und vor der Fasnet gehen Männer in die Häuser, um die Kostüme und die Frauen (!) abzustauben. Am Dienstagabend wurden Fasnet-Puppen verbrannt – das hat mich an Guy Fawkes erinnert – und am Mittwoch wurden in den katholischen Kirchen Gottesdienste abgehalten. Machen die Hamburger irgendetwas zu Karneval?/ Macht man in Hamburg etwas zu Karneval?

Viele Grüße an die ganze Familie – auch an eure Neffen und Nichten!

Lerneinheit 5　　　　p34

1
1 **f** *die Weinprobe* wine tasting

2 **c** *der Winzer* wine grower

3 **a** *das Anbaugebiet/das Wein(an)baugebiet* wine-growing area

4 **b** *die Rebsorte* grape variety

5 **d** *das Weingut* vineyard

6 **g** *die Winzergenossenschaft/die Weingärtnergenossenschaft* wine growers' cooperative

7 **h** *der Kellermeister* cellar master

8 **e** *die Weinkönigin* wine queen

2
1 **b** In Deutschland wird mehr Weißwein als Rotwein angebaut.

2 **a** Die am meisten angebaute Rebsorte ist der Müller-Thurgau.

3 **c** Die unterste Qualitätsstufe ist der Tafelwein.

4 **a** Die Deutschen trinken pro Jahr mehr Wein als die Engländer, aber weniger als die Franzosen.

5 **a** Weinanbau in Deutschland erfolgt hauptsächlich im Terrassenbau an Hängen (Weinberge).

3
1 Kenner trinken Württemberger. (Kenner *are connoisseurs*).

2 Im Ausland ist Württemberger Wein nicht so gut bekannt.

3 In Württemberg gibt es besonders viel Rotwein./In Württemberg ist der Anteil an Rotweinen besonders hoch.

4 Der Trollinger ist eine Rebsorte (die es nur in Württemberg gibt).

4 *This is what your summary might look like:*

Zuerst betrachtet man den Wein und achtet auf die Farbe./Bei einer Weinprobe betrachtet man zuerst den Wein und achtet auf die Farbe. Dann riecht man den Wein. Danach probiert oder „beißt" man ihn und schließlich nimmt man den Wein mit allen Sinnen auf.

You could also have used the passive, like this:

Zuerst wird der Wein betrachtet, und man achtet auf die Farbe./Bei einer Weinprobe wird der Wein zuerst betrachtet, und man achtet auf die Farbe. Dann wird der Wein gerochen, und danach wird er probiert oder „gebissen". Schließlich wird der Wein mit allen Sinnen aufgenommen.

5 There are two possible ways in which you can join these statements. You can either start with *während* or put it in the middle between the two sentences. It doesn't matter which way you chose, but check with the models below to find out whether your word order is correct.

1 **d** Im Rheingau gibt es vor allem Weißwein, während in Württemberg und an der Ahr auch viel Rotwein angebaut wird.

Während es im Rheingau vor allem Weißwein gibt, wird in Württemberg und an der Ahr auch viel Rotwein angebaut.

2 **c** Rhein und Mosel sind auch im Ausland bekannte Weinanbaugebiete, während Württemberg hauptsächlich in Deutschland bekannt ist.

Während Rhein und Mosel auch im Ausland bekannte Weinanbaugebiete sind, ist Württemberg hauptsächlich in Deutschland bekannt.

3 b Der Müller-Thurgau wird in vielen Gebieten angebaut, während es den Trollinger nur in Württemberg gibt.

Während der Müller-Thurgau in vielen Gebieten angebaut wird, gibt es den Trollinger nur in Württemberg.

4 a Im modernen Weinbau können die Arbeitskräfte fast das ganze Jahr beschäftigt werden, während früher die Arbeit auf dem Weingut saisonabhängig war.

Während im modernen Weinbau die Arbeitskräfte fast das ganze Jahr beschäftigt werden können, war früher die Arbeit auf dem Weingut saisonabhängig.

Here is the alternative version of the sentence used in the model answer:

Während heute Wein vor allem an sonnigen Hängen in warmen Flusstälern angebaut wird, war im Mittelalter der Weinanbau sehr viel weiter verbreitet.

6 Eine Weinkönigin kann/muss …

2 die Weine in Deutschland und international vorstellen.

3 zu Weinmessen und Weinfesten reisen.

4 viele Menschen kennen lernen, zum Beispiel Politiker und Bürgermeister.

5 ihr Selbstbewusstsein aufbauen.

6 öffentliche Reden halten.

7 ihr Wissen über Wein verbessern.

7 This is what your summary might look like:

Als Weinkönigin hatte Ruth Blees Luxemburg die Möglichkeit, ihr Dorf zu repräsentieren. Ihre Aufgabe war es, den Wein national und international vorzustellen, und sie hatte die Möglichkeit, viel zu reisen/zu Weinmessen und Weinfesten zu reisen. Sie hat viele wichtige Leute kennen gelernt, zum Beispiel Politiker und Bürgermeister und konnte ihr Selbstbewusstsein aufbauen. Sie hatte auch die Möglichkeit, öffentliche Reden zu halten. Sie hat an vielen Weinproben teilgenommen und konnte ihr Wissen über Wein verbessern.

8 **1** Ich kenne Württemberg nicht sehr gut.

2 Ich weiß nicht viel über den Württemberger Wein.

3 Ich kenne Riesling und Müller-Thurgau, aber Trollinger kenne ich nicht.

4 Wissen Sie, ob die englischen Rebsorten die gleichen wie die deutschen Rebsorten sind?

5 Wie haben Sie Kellermeister Götz kennen gelernt?

6 Wussten Sie, dass deutscher Wein an Hängen angebaut wird, während in vielen anderen Ländern der Wein auf dem Flachland angebaut wird?

Lerneinheit 6   p40

1 **1** The *Rutenfest* takes place from 21 to 25 July 1995.

2 Visitors can expect many different events.

3 Visitors will be able to exchange memories, make new friends, celebrate and be merry.

4 The *Rutenfest* will bring together old and young people who were born in Ravensburg, those who have moved there and visitors from the twin towns.

2 **1 b** Ravensburg ist eine alte freie Reichsstadt, die durch den Handel mit Papier und Textilien reich geworden ist.

2 e Nach dem 30jährigen Krieg ist die Stadt in ein geschichtliches Abseits gerückt.

3 d Der alte Stadtkern blieb erhalten, weil die Leute kein Geld hatten.

4 a Ravensburg lebt von der Autoindustrie und dem Ravensburger Spiele-Verlag, aber auch der Dienstleistungssektor und die Landwirtschaft sind von Bedeutung.

5 c Der Höhepunkt im Leben der Stadt ist das Rutenfest.

6 f Beim Rutenfest sind alle gleich, und es gibt keine sozialen Grenzen.

3 **1** Ravensburger sind **in die** ganze Welt gezogen.

2 Ravensburger leben **in den** USA, also **in** Amerika.

3 Ravensburger leben **in** London.

4 Ravensburger sind **nach** Australien ausgewandert.

5 Ravensburger leben **in der** Schweiz.

6 Ravensburger kommen **aus den** Niederlanden, also **aus** Holland.

7 Ravensburger sind **nach** Südamerika ausgewandert.

8 Ravensburger sind **nach** London gezogen.

9 Ravensburger sind **in die** Niederlande, also **nach** Holland gezogen.

10 Ravensburger sind **in die** Schweiz gezogen.

4

1 Die Heimat und die Schulzeit sind **eine der entscheidendsten Stationen im Leben eines Menschen**.

2 Man redet vorwiegend über **die alten Lehrer** und **die alten Zeiten (und die Schule, und wie es in der Schule gewesen ist)**.

3 Man stellt die üblichen Fragen: **Wie geht's dir? Was machst du? Wo bist du?**

4 In der Jugendzeit hat man miteinander Streiche gemacht, man hat fröhliche Erlebnisse gehabt, und **man hat traurige Erlebnisse gehabt**.

5

1 Der Oberbürgermeister schreibt in seiner Einladung zum Rutenfest, dass er sich **auf** die vielen Gäste freut.

2 Eine Fülle von Veranstaltungen wartet **auf** die Besucher.

3 Jung und alt nehmen **an** den Veranstaltungen des Rutenfestes teil.

4 Auf dem Rutenfest trifft man alte Bekannte und redet **über** die alten Zeiten.

5 Man erinnert sich **an** die Schulzeit und **an** die alten Lehrer.

6

2 Ich freue mich darauf, wieder in der Heimat zu sein.

3 Ich freue mich darauf, alte Bekannte wieder zu treffen.

4 Ich freue mich darauf, Erinnerungen auszutauschen.

5 Ich freue mich darauf, das Rutenfest mitzuerleben.

6 Ich freue mich darauf, am Altenschießen teilzunehmen.

7 Ich freue mich darauf, im Bärengarten zu sitzen.

7

2 Worauf freut sich Herr Diemer?

3 Woran erinnert sich Herr Nirk?

4 Woran nimmt Herr Buder teil?

5 Worüber reden Herr Nirk und seine Freunde?

6 Worüber freut sich Herr Buder?

7 Wodurch ist Ravensburg reich geworden?

8 Model answers are provided in *Hörabschnitt 9*, and the written version in the transcript booklet.

9

2 Er hat mich gefragt, wann ich das letzte Mal in Ravensburg war.

3 Er hat mich gefragt, wie viele Kinder ich habe.

4 Er hat mich gefragt, was meine/unsere Kinder machen.

5 Er hat mich gefragt, wen ich seit dem letzten Mal getroffen habe.

6 Er hat mich gefragt, wie es meiner Frau/dir geht.

7 Er hat mich gefragt, wo ich überall gewesen bin.

Lerneinheit 7   p48

1

Sonnabend, 7. Mai, 16.00 Uhr	Straßenfest, Fotoschau, City
Sonntag, 8. Mai, 18.00 Uhr	Birmingham Symphony Orchestra, Gewandhaus
Montag, 9. Mai, 11.00 19.30 Uhr	Märchen: Vayu Naidu, Stadtbibliothek Lesung: Edward Lowbury, British Council
Dienstag, 10. Mai, 19.30 Uhr	Gospelgruppe „Black Voices", Thomaskirche
Mittwoch, 11. Mai, 19.30 Uhr	Tanztheater „Kokuma", Schauspielhaus
Donnerstag, 12. Mai, 19.30 Uhr	Ex Cathedra Chamber Choir and Ex Cathedra Baroque Orchestra, Altes Rathaus
Freitag, 13. Mai, 19.30 Uhr	Abschlusskonzert, Nikolaikirche

2 Model answers are provided in *Hörabschnitt 10*, and the written version in the transcript booklet.

3 The correct order of the sentences is 3, 4, 2, 5 and 1.

4
1 *die englische Partnerstadt* the English twin town
2 *in Ausbildung sein* to be in training
3 *arbeitslos sein* to be unemployed
4 *der Gegenbesuch* the return visit
5 *die Organisatoren* the organisers
6 *die Teilnehmer* the participants
7 *für die Reisekosten aufkommen* (or *die Reisekosten bezahlen*) to pay the travel costs
8 *ein Behindertenheim* a home for people with disabilities
9 *ein besonderes Erlebnis* a special experience
10 *von der Lebensauffassung der Menschen beeindruckt sein* to be impressed by people's outlook on life.

5 This is what you might have written:

Young people from Leipzig and Birmingham took part in an exchange which was organised as part of the *Jugend für Europa* scheme. They were accompanied by youth workers. In Leipzig the visitors from Birmingham renovated a youth club, while the young people from Leipzig helped to renovate a room in a home for people with disabilities in Birmingham. The visits took place in 1993 and 1994 respectively. The stay in Birmingham was organised by the Prince's Trust, travel costs were paid partly by the young people themselves, and partly by the council. The exchange helped participants to appreciate a different way of life.

6 Model answers are provided in *Hörabschnitt 11*, and the written version in the transcript booklet.

7
2 Sowohl Birmingham als auch Leipzig haben berühmte Orchester.
3 Sowohl in Birmingham als auch in Leipzig gibt es jugendliche Problemgruppen.
4 Sowohl Birmingham als auch Leipzig haben wirtschaftliche Probleme.

5 Sowohl in Birmingham als auch in Leipzig gibt es zu viele Arbeitslose.
6 Sowohl in Birmingham als auch in Leipzig gibt es ein Messegelände.

8 This is what your letter might look like:

Liebe Frau Petersen,
    ich möchte mich bei Ihnen ganz herzlich für Ihre Gastfreundschaft bedanken./Vielen Dank für Ihre Gastfreundschaft. Ich habe mich sehr gefreut, Sie kennen zu lernen und werde mich immer gerne an meinen Aufenthalt in Leipzig erinnern/werde immer gerne an meinen Auftenthalt in Leipzig denken. Die Stadt hat mir sehr gut gefallen, und die Gespräche mit Ihnen und anderen Kollegen waren sehr nützlich. Ich hoffe, dass die Zusammenarbeit zwischen den Partnerstädten weitergehen wird und freue mich auf Ihren Gegenbesuch.
    Herzliche Grüße./Viele Grüße./Alles Gute,

Lerneinheit 8   p53

1 Model answers are provided in *Hörabschnitt 12*, and the written version in the transcript booklet.

2 No feedback is needed for this activity.

3
1 *Bockbier* is a dark beer, brewed from barley and malt; it has more alcohol than light beer.
2 The *Reinheitsgebot* stipulates that no chemical additives may be added in brewing and that beer must contain only yeast, water, hops and malt.
3 Brauerei Bauer was founded in 1881.
4 In 1972 the brewery was taken over by the state.
5 The most modern machines were sold to the West, and the name of the beer was changed from Bauer Bier to *Turmbräu*.
6 The beer was renamed because family names could not be used in state-owned companies.
7 It took 3 years for the brewery to be returned to private ownership.
8 The brewery produces approximately 30,000 bottles of beer per day.
9 Yes, the brewery now produces an alcohol-free beer as well.

10 They have invested in electronic equipment because of the strong competition from breweries in West Germany in particular.

4

1 Falsch. Die Brauerei Bauer wurde im Jahr 1881 von Herrn Bauers **Großvater** gegründet.

2 Richtig.

3 Falsch. Die Familie wurde für den Verlust **nicht** entschädigt.

4 Richtig.

5 Falsch. Das Bier heißt jetzt wieder **Bauer Bier**.

6 Richtig.

5

Die Brauerei Bauer in Leipzig hat eine sehr bewegte Geschichte hinter sich. Der Betrieb existiert schon seit 1881. Bis 1972 war die Brauerei im Besitz der Familie Bauer. Dann wurde sie vom Staat **enteignet** d.h. der Staat hat sie **übernommen**. Innerhalb von einer Woche hat die Familie damals die Brauerei **verloren**. Die Familie wurde für den Verlust nicht **entschädigt**. Viele andere Betriebe haben das gleiche Schicksal **erlebt**. Damals wurden Hunderttausende von Betrieben vom Staat **enteignet**. Sogar der Name der Brauerei Bauer wurde **verboten**. Familiennamen waren für Staatsbetriebe nicht **erlaubt**. Das Bier wurde dann unter dem Namen Turmbräu **verkauft**. Nach der Wende hat es drei Jahre **gedauert**, bis die Familie ihren Besitz wieder**bekommen** hat. Heute wird das Bier wieder unter seinem alten Namen **verkauft**. Täglich werden etwa 30 000 Flaschen Bier **produziert**.

You may have noticed that this passage contains an unusually high proportion of verbs which do not take ge- *in the past participle:* enteignen, übernehmen *because they are inseparable,* produziert *because it belongs to that class of verbs ending in* -ieren *which don't take* ge-.

6

2 Viele verschiedene Biersorten werden gebraut.

3 Die Autofahrer werden auch berücksichtigt./Auch die Autofahrer werden berücksichtigt.

4 Der Familienbetrieb wurde enteignet.

5 Der Name der Brauerei wurde sofort verboten.

6 Das Bier wurde unter dem Namen Turmbräu verkauft.

7 Das Bier wird jetzt wieder unter dem Namen Bauer Bier verkauft.

8 Viel Geld wird in neue Maschinen investiert./Seit der Wende wird viel Geld in neue Maschinen investiert.

7

2 Nein, das ist Unsinn, man benutzt **Hopfen** und **Malz**, um Bier zu brauen!

3 Nein, man hat die besten Maschinen alle in den **Westen** exportiert!

4 Nein, das ist nicht richtig, in der Brauerei Bauer braut man **viele verschiedene** Biersorten!

5 Nein, da irrst du dich, in der Brauerei Bauer braut man noch nach den **alten Braumethoden**.

6 So ein Unsinn, für Weißbier verwendet man **Weizen statt Gerste**!

8

These are the kinds of answers Herr Bauer would have given:

1 Die Brauerei Bauer ist seit über 110 Jahren (seit 1881) in Familienbesitz.

2 Die Brauerei wurde 1972 enteignet.

3 Die damalige Regierung hatte beschlossen, dass es keine privaten Betriebe mehr geben darf.

4 Hunderte und Tausende von Betrieben wurden hier enteignet.

5 Nein, wir bekamen keine Entschädigung/wir wurden nicht entschädigt.

6 Es hat nach der Wende drei Jahre gedauert, bis der Betrieb wieder im Familienbesitz war.

7 Unsere Brauerei ist ein mittelständischer/ein mittelgroßer Betrieb.

8 Wir produzieren jetzt 30 000 Flaschen Bier pro Tag.

9 Wir brauen Pilsner Bier, helles Bier, schwarzes Bier, Bockbier und auch alkoholfreies Bier.

10 Wir brauen noch nach der traditionellen Methode. /Wir brauen noch traditionell.

9

1 c In **Deutschland** wird mehr Alkohol getrunken als in allen anderen Ländern.

2 c In Großbritannien wird weniger Alkohol getrunken als in **der Schweiz**.

3 c In **Ostdeutschland** wird besonders viel Schnaps getrunken.

4 a Frauen sollten nicht mehr als **ein großes Glas Wein** pro Tag trinken.

5 a Sowohl in Deutschland als auch in **Großbritannien** darf man bis zu 0,8 Promille Alkohol im Blut haben und trotzdem noch Auto fahren.

6 a Während Autofahrer in den meisten Ländern eine kleine Menge Alkohol im Blut haben dürfen, ist der Alkoholkonsum für Autofahrer zum Beispiel in **der Türkei** völlig verboten.

7 b **Alkohol am Steuer** ist eine der häufigsten Unfallursachen.

Lerneinheit 9   p59

1

You should have recognised these words from the video:

1 die Adventszeit
2 der Weihnachtsmarkt
3 das Weihnachtsfest
4 der Adventskranz
5 der Adventstee
6 der Adventskalender
7 der Weihnachtsbaum
8 die Weihnachtszeit
9 der Weihnachtsfeiertag, die Weihnachtsfeiertage
10 der Weihnachtsabend

2

Here is a list of words starting with *Weihnachts-*, *Advents-* and *Christ-*, plus their translations:
die Adventszeit = der Advent advent, the 4 weeks before Christmas
der Adventskalender (-) advent calender
der Adventskranz (¨e) advent wreath
der Adventssonntag (-e) Sunday in Advent
der Christbaum (¨e) Christmas tree
die Christbaumkugel (-n) Christmas tree ball
das Christkind infant Jesus
die Christmette (-n) [(Christmesse (-n)]
Christmas church service in the afternoon/evening

der Weihnachtsabend (-e) (or Heilig Abend) Christmas Eve
der Weihnachtsbaum (¨e) Christmas tree
das Weihnachtsfest (-e) Christmas
der Erste Weihnachtstag Christmas Day
der Zweite Weihnachtstag Boxing Day
das Weihnachtsgeschenk (-e) Christmas present
die Weihnachtsgeschichte Christmas story
der Weihnachtsgottesdienst (-e) Christmas sevice
die Weihnachtskarte (-n) Christmas card
das Weihnachtslied (-er) carol
der Weihnachtsmann (¨er) Father Christmas
der Weihnachtsmarkt (¨e) Christmas market
der Weihnachtsstern (-e) poinsettia
der Weihnachtsteller (-) plate with biscuits and chocolates, also: *der bunte Teller*
der Weihnachtstisch (-e) table for presents
die Weihnachtszeit Christmastide

3

Your sentences should be in this order:

1 d   2 f   3 e   4 b   5 c   6 c

4

Whisk the egg whites until they form stiff peaks, gradually adding the icing sugar and the vanilla sugar as you do so. Then take about one cupful of the beaten egg white and put it in a cool place. Add 300g of almonds and the cinnamon to the remaining egg white, cover the dough and put it in a cool place for about 30 minutes.

Line the baking tray with greaseproof paper and preheat your oven to 150° C. Then sprinkle the work surface with the remaining almonds and roll out the dough until it is about 7 mm thick.

Cover the rolled-out dough with a thin layer of the remaining beaten egg white. Then dip a star-shaped pastry cutter into cold water, cut out star shapes and put them on the baking tray. Continue until all the dough has been used up.

Bake the biscuits for about 25 minutes. They should be stored in an airtight tin.

5

1 Die Kinder stellen am Abend des 5. Dezember ihre **Schuhe** (oder Stiefel) vor die **Tür**.

2 Wenn wir morgens die Tür aufmachen, dann sind in den Stiefeln Schokoladen-Nikoläuse oder **Nüsse** und ein **Tannenzweig**, und vielleicht noch **Mandarinen**.

3 Es gibt aber auch noch den Brauch, dass der Nikolaus kommt, d.h. es verkleidet sich jemand als **Bischof** mit Mütze und Stab und bringt dann den Kindern **Geschenke**.

4 Früher hat man den Kindern sehr viel **Angst** gemacht. Da kam der Nikolaus mit einem **Begleiter**, und die haben gesagt „Warst du auch **artig**, oder warst du **böse**?" Die haben ein Buch gehabt und haben gesagt „Ich schaue nach, was für böse **Taten** du vollbracht hast". Der Begleiter hatte auch eine **Rute**, und dann am Schluss bekam man aber doch **Geschenke**.

6
I Zuerst wird **der Weihnachtsbaum geschmückt**.

2 Dann gehen **sie in die Kirche**.

3 Danach dürfen **die Kinder (in das Weihnachtszimmer) 'reingehen**.

4 Dann öffnen **sie die Geschenke** ...

5 ... und singen **Lieder**.

7
I Bei den Walters wird zuerst **zu Mittag gegessen**.

2 Dann gehen sie **'raus**, **ein**, **zwei Stunden spazieren**.

3 Danach wird **der Baum angeputzt**.

4 Dann werden alle **aus dem Zimmer geschickt**.

5 Dann macht Herr Walter **die Geschenke für die Kinder zurecht**.

6 Schließlich kommen die Kinder **herein**, **und es gibt die Bescherung**.

8 **I** g   **2** c   **3** d   **4** b   **5** f   **6** a   **7** e

9
2 Er hat sich riesig über das Geschenk von ihr gefreut, weil es genau das war, was er schon immer wollte.

3 Er war von seinem Geschenk enttäuscht, weil er das Buch schon hatte.

4 Er war zutiefst deprimiert, weil seine Freundin seinen Geburtstag vergessen hatte.

5 Sie war völlig überrascht, weil sie kein Geschenk von ihm erwartet hatte.

6 Sie war entsetzt über seinen schlechten Geschmack, weil das Bild furchtbar kitschig war.

7 Sie ärgerte sich über seinen merkwürdigen Sinn für Humor, weil das Geschenk zu albern war.

10
I 56% sind für das Zusammensein von Eltern und Kindern an Weihnachten.

2 43% finden, erst Kinder machen Weihnachten richtig schön.

3 39% besuchen einen Gottesdienst am Heiligen Abend.

4 2,5% haben kein Interesse an Weihnachten.

5 33% sind bereit, eine Asylbewerberfamilie einzuladen.

6 Knapp 50% kaufen Geschenke in letzter Minute ein.

7 66% sagen, wenn geschenkt wird, dann von Herzen.

8 67% denken, Geschenke müssen schön verpackt sein.

9 Für 61% gehört der Weihnachtsbaum auf jeden Fall dazu.

10 78% singen Weihnachtslieder

I I Bei 75% wird das Weihnachtsgebäck selbst gemacht.

I I
2 Ich habe mir vorgenommen, in Zukunft mehr zu schlafen.

3 Ich habe mir vorgenommen, im Neuen Jahr weniger Geld auszugeben.

4 Ich habe mir vorgenommen, ab sofort sparsamer zu sein.

5 Ich habe mir vorgenommen, künftig früher aufzustehen.

6 Ich habe mir vorgenommen, in Zukunft immer pünktlich zu sein.

7 Ich habe mir vorgenommen, ab sofort nicht so lange aufzubleiben.

8 Ich habe mir vorgenommen, im Neuen Jahr meine guten Vorsätze zu befolgen.

9 *Your own answer.*

10 *Your own answer.*

Lerneinheit 10 p68

1

1 Frohe Weihnachten und viel Glück im Neuen Jahr.

2 Herzlichen Glückwunsch zum Geburtstag und alles Gute im neuen Lebensjahr.

3 Wieder ein Jahr älter! Alles Gute!

4 Zu eurer Hochzeit gratulieren wir herzlich und wünschen euch alles Gute für den gemeinsamen Lebensweg.

5 Zur Geburt Ihrer Tochter möchten wir herzlich gratulieren.

6 Oh Schreck, die Straßen sind nicht mehr sicher! Auch du hast jetzt den Führerschein!

2

Here are some possible sentences. Compare them with your own and check the adjectival endings:

Zur Taufe schenke ich meinem Patenkind einen silbernen Löffel.

Zur Kommunion schenke ich meinem Sohn ein Fahrrad.

Zur Konfirmation schenke ich meiner Nichte einen Gutschein für Bücher und CDs.

Zur Verlobung schenke ich meinem Bruder ein Kochbuch.

Zur Hochzeit schenke ich meiner Tochter und meinem Schwiegersohn eine Reise nach Island.

Zur Silbernen Hochzeit schenke ich meiner Frau eine Perlenkette.

Zur Goldenen Hochzeit schenke ich meinen Eltern einen Designer-Kessel.

Zum Geburtstag schenke ich meinem Schwager einen Schlips (er hat schon alles).

Zu Weihnachten schenke ich meiner Schwägerin selbst gebackene Plätzchen.

Zu Ostern schenke ich meiner Schwester Süßigkeiten.

Zur bestandenen Prüfung schenke ich meinem Freund eine Ledertasche.

Zur Beförderung schenke ich meinem Kollegen nichts.

Zur Pensionierung schenke ich meiner Kollegin einen Gartenschlauch.

Zum (bestandenen) Führerschein schenke ich meiner Freundin ein Spielzeug-Auto.

3

1 Es gab Glühwein und Lebkuchen.

2 Ostereier gab es kostenlos.

3 Sie wurden von Pastoren verteilt.

4 Sie wurden aus Protest gegen „die kommerzielle Aushöhlung der stillen Zeit" angeboten.

5 Die Deutschen geben vor Weihnachten etwa 29 Milliarden DM aus./Etwa 29 Milliarden Mark werden für Weihnachtsvorbereitungen und Weihnachtsgeschenke ausgegeben.

6 Man kauft nicht mehr so oft Überraschungsgeschenke.

7 Die Umtauschquote ist niedriger./Die Geschenke werden nicht mehr so oft umgetauscht.

8 Ganz kurz vor Weihnachten werden vor allem Kosmetika, Socken, Oberhemden und Schlipse gekauft.

9 Süßigkeiten werden häufiger verschenkt als Alkohol.

10 16% aller Deutschen verschenken Selbstgebasteltes.

4

This is what your letter might be like. Read how each of Martin's questions have been answered and compare this model with your own reply.

Lieber Martin,

vielen Dank für deinen Brief und für den Strohstern! Ich habe ihn ans Fenster gehängt und hoffe, das ist ein guter Platz. Ihr wollt also dieses Jahr ohne Geschenke Weihnachten feiern … Mir geht der Konsumterror auch auf die Nerven, aber ich freue mich doch jedes Jahr riesig darauf, meine Geschenke auszupacken. Ich bin auch kein Experte/keine Expertin in der Zubereitung von Truthähnen, aber ich werde versuchen, Deine Fragen zu beantworten.

Nein, normalerweise gibt es vorher keine Vorspeise.

Wenn ihr Gäste eingeladen habt, braucht ihr einen relativ großen Truthahn, so ungefähr sechs Kilo: Man rechnet rund 600 Gramm pro Person.

Der Truthahn wird am besten bei 200 Grad im Backofen gebraten. Das dauert etwa dreieinhalb bis vier Stunden.

Dazu isst man im Backofen gebratene Kartoffeln, verschiedene Füllungen, Rosenkohl, Karotten, Würstchen usw.

Der traditionelle Nachtisch ist der Plumpudding; er wird zum Beispiel mit Brandybutter serviert.

Mit dem übrig gebliebenen Truthahn kann man dann Truthahn-Sandwiches oder Truthahn-Risotto machen.

Ich hoffe, eure Weihnachtsfeier wird ein Erfolg! Alles Gute,

PS Ich schicke ein Rezept für Plumpudding mit. Er wird normalerweise schon lange vor Weihnachten zubereitet!

5

1 Ja, ich freue mich (sehr) darauf.

Nein, ich freue mich nicht (besonders) darauf.

2 Ja, ich denke immer rechtzeitig daran./Ja, daran denke ich immer rechtzeitig.

Nein, ich denke (leider) nicht immer rechtzeitig daran./Nein, daran denke ich (leider) nicht immer rechtzeitig.

3 Ja, ich wäre (gerne) dazu bereit./Ja, dazu wäre ich (gerne) bereit.

Nein, ich wäre nicht dazu bereit./Nein, dazu wäre ich nicht bereit.

4 Ja, ich interessiere mich dafür./Ja, dafür interessiere ich mich.

Nein, ich interessiere mich nicht dafür./Nein, dafür interessiere ich mich nicht.

5 Ja, ich erinnere mich noch (gut) daran./Ja, daran erinnere ich mich noch (gut).

Nein, ich erinnere mich nicht mehr daran./Nein, daran erinnere ich mich nicht mehr.

6 Ja, darüber freue ich mich auch.

Nein, darüber freue ich mich nicht (besonders).

7 Ja, ich glaube, Alkohol gehört dazu.

Nein, ich glaube Alkohol gehört nicht (unbedingt) dazu.

8 Ja, ich habe schon einmal daran teilgenommen./Ja, daran habe ich schon einmal teilgenommen.

Nein, ich habe noch nie daran teilgenommen./Nein, daran habe ich noch nie teilgenommen.

Note that you position the preposition according to the style and emphasis of your reply. It can come early in the sentence or at the end. Where both are possible, two models have been provided for these sentences. Where one version sounds much more natural than the other, only one model has been given.

6

1 **d** vom Winzer begrüsst werden

2 **a** in den Probierkeller geführt werden

3 **f** ein Probierglas bekommen

4 **b** eine Flasche Wein öffnen

5 **g** den Wein betrachten, riechen und probieren

6 **e** Weißbrot essen

7 **c** beschwipst sein

7 Model answers are provided in *Hörabschnitt 13*, and the written version is in the transcript booklet.

Lerneinheit 11　　p73

1

2 Können Sie mir sagen, **wann Sie normalerweise am Abend öffnen?**

3 Ich möchte auch gerne wissen, **ob Sie genug Platz für über 50 Personen haben?**

4 Und dann möchte ich noch fragen, **wie viele verschiedene Menüs Sie anbieten?**

5 Und meine nächste Frage ist, **ob Sie auch Blumen auf die Tische stellen?**

6 Dann möchte ich noch wissen, **ob Sie auch Gerichte für Vegetarier haben?**

7 Und meine letzte Frage ist, **wann genau wir die Einzelheiten festlegen müssen?**

2 Lieber Herr /Liebe Frau …

ich möchte Sie ganz herzlich zu meinem 40. Geburtstag am 3.11. einladen./zu meinem 40. Geburtstag am 3.11. möchte ich Sie herzlich einladen./zur Feier anlässlich meines 40. Geburtstags am 3.11. möchte ich Sie herzlich einladen.

Die Feier findet um 19 Uhr im Restaurant Römerstuben statt. Dort wurde ein Tisch für zahlreiche (!) Gäste reserviert. Denken Sie daran, viel gute Laune mitzubringen. Ich freue mich auf Ihre Antwort.

3 Model answers are provided in *Hörabschnitt 14*, and the written version is in the transcript booklet.

4

Sie	Meine Chefin hat mich am Sonntag zum Mittagessen eingeladen.
Horst	Das ist ja sehr nett von ihr und sicher eine Ehre. Ich war noch nie bei meinem Chef zu Hause.
Sie	Ja, aber ich möchte nichts falsch machen.
Horst	Worüber machst du dir denn Sorgen?
Sie	Zum Beispiel, ob ich etwas mitbringen sollte.
Horst	Wie alt ist denn deine Chefin?
Sie	Sie hat vor zwei Wochen ihren 60. Geburtstag gefeiert.
Horst	Dann bring ihr doch einen schönen Blumenstrauß mit.
Sie	Stimmt es, dass man in Deutschland die Blumen auspackt, bevor man sie überreicht?
Horst	Das kommt darauf an. Normalerweise packt man die Blumen aus, aber wenn sie in einer durchsichtigen Plastikfolie verpackt sind, überreicht man sie so.
Sie	Sehr kompliziert! Und wie wär's mit einer Flasche Wein?
Horst	Nein, das würde ich nicht machen. Das ist bei dieser Gelegenheit nicht angebracht.
Sie	Und ich kann mich nicht erinnern, für wie viel Uhr sie mich eingeladen hat.
Horst	Dann ruf sie lieber noch einmal an. Wahrscheinlich sollst du irgendwann zwischen zwölf und eins da sein. Und dann solltest du vielleicht so gegen halb drei oder drei wieder gehen – außer sie lädt dich noch zum Kaffee ein. Dann gehst du etwa um fünf, je nachdem.
Sie	Hast du noch mehr gute Ratschläge?
Horst	Auf jeden Fall pünktlich sein.
Sie	Natürlich, das ist selbstverständlich.
Horst	Also, ich hoffe, dass es gut geht und denk dran, mir hinterher alles zu erzählen.

5
a paragraph 4
b paragraph 6
c paragraph 1
d paragraph 7
e paragraph 8
f paragraph 11
g paragraph 5

6 According to David Marsh the following utterances would be appropriate:

3 „Guten Abend, Smith ist mein Name."

4 „Ich habe Ihnen ein paar Blumen mitgebracht."

5 „Was macht Ihr Knie? Haben Sie noch Schmerzen?"

8 „Letzte Woche habe ich ein Weinfest besucht."

9 „Gibt es in Ihrer Gegend besondere Brautraditionen?"

10 „Kann man hier in der Nähe schöne Waldspaziergänge machen?"

13 „Haben Sie ein natriumarmes Mineralwasser, bitte?"

Lösungen *Thema 6*

Lerneinheit 1   p50

1 All the food items on the list should be ticked apart from: *Obst, Süßigkeiten, Fisch, Eis.*

2 **2** RB   **3** RG   **4** RG   **5** RB   **6** RB   **7** RG
    8 GL   **9** GL   **10** RB

3 All sorts of people come to the restaurant :„*ein ganz gemischtes Publikum.*"

4
1 Die Eier aufschlagen und in eine Schüssel mit dem Mehl geben.
2 Alle Zutaten vermischen und schlagen bis ein glatter Teig entsteht.
3 Den Teig in ein Spätzlesieb geben.
4 Den Teig durch das Sieb in kochendes Salzwasser drücken.
5 Warten, bis die Spätzle an die Oberfläche kommen.
6 Spätzle nach dem Kochen aus dem Wasser nehmen und in etwas Butter braten.
7 Vor dem Servieren mit Petersilie bestreuen.

5 Your summary should read something like this:

Der Rebstock hat ein sehr gemischtes Publikum. Arbeiter, Studenten und Professoren essen dort zusammen. Die Gaststätte ist uralt und ist berühmt für ihre Spätzle. Spätzle sind ein typisch schwäbisches Gericht: Sie sind sehr lecker, aber auch kalorienreich. Dr. Wilfried Setzler sagt, dass das schwäbische Essen oft fett ist, weil die Leute früher körperlich hart gearbeitet haben.

6
1 Falsch. Auch Studenten kaufen im Reformhaus ein.
2 Richtig.
3 Richtig.
4 Falsch. Der Kunde ist ein korpulenter Mensch.
5 Falsch. Die Frau kauft zuckerfreie Bonbons.

7
1 Ich esse **lieber** Salat **als** Gemüse.
2 Ich esse **am liebsten** Forelle und Meeresfrüchte.
3 Ich **mag** Gummibärchen und alle Süßigkeiten.
4 Mein **Lieblingsgetränk** ist Rotwein.
5 Ich kann weiche Eier **nicht ausstehen**.
6 Eier **bekommen mir** nicht so gut.

8 No feedback is given here, as there are model answers on the cassette and there is a written version in the audio transcript booklet.

9
1 These are the ingredients used to make *Specksuppe* mentioned in the text: cabbage, ham, potatoes, plums, dried pears, cauliflower, peas, beans, turnip.
2 The most appropriate answer is **b**. Tony is not actually rude to the clergyman, but takes a mischievous delight in producing a meal which suits only acquired tastes and watching him try to eat it!
3 The most appropriate answer is **c**. The clergyman does not seem to be irritated, nor does he show disappointment. He just says quite mildly that he would like to wait for the next course!

Lerneinheit 2   p80

1 This is what your lists should look like:

Fleisch	Geflügel
Schwein	Gans
Rind	Ente
Ziege	Huhn
Pferd	
Schaf	

2

I	Fleisch insgesamt	– 4,5%
	Rindfleisch	– 9,5%
	Schweinefleisch	– 2,5%
	Schaf-, Ziegen-und Pferdefleisch	– 2,5%
	Geflügel	+ 10%

2 Die zwei Tierkrankheiten sind Rinderwahnsinn und Schweinepest.

3 In Ostdeutschland wird jetzt mehr Rind- und Schweinefleisch verkauft als vorher. In Westdeutschland dagegen ist der Fleischkonsum zurückgegangen.

3 You should have written *pro* against statements **2**, **5**, **7** and **10**.
You should have written *kontra* against statements **4**, **6**, **8**, **9** and **11**.

4

I a Frau Sonnenberg denkt Fleisch ist gesund.

b Peter Sonnenberg denkt, Fleisch ist nicht gesund.

2 Frau Sonnenbergs Argumente: **1**, **5**, **10**.
Peters Argumente: **8**, **11**, **4**, **3**, **6**, **9**.

5 You should have ticked: Ich denke, .../ich glaube, dass .../ich bin der Meinung, dass... /meiner Meinung nach .../ich stimme zu./Das glaube ich auch./Ich stimme nicht zu./Ich bin anderer Meinung./Das ist Unsinn./Das finde ich nicht richtig./Ich bin mir nicht sicher./Ich bin über das Thema nicht so gut informiert.

6

3 Ich glaube (nicht), dass Fleisch fast immer voller zusätzlicher Hormone ist.

4 Ich glaube (nicht), dass die Tiertransporte inhuman sind.

5 Ich glaube (nicht), dass man Fleisch essen muss, um gesund zu bleiben.

6 Ich glaube (nicht), dass die meisten guten Gerichte Fleischgerichte sind.

7 Ich glaube (nicht), dass Tiere Schmerz und Angst genauso wie Menschen fühlen.

8 Ich glaube (nicht), dass es langweilig ist, immer nur Gemüse zu essen.

9 Ich glaube (nicht), dass es Teil der Nahrungskette ist, dass Menschen Tiere essen.

7 You could have written any four of the following statements:
Meiner Meinung nach ist es nicht so wichtig, was man isst. /brauchen vor allem junge Leute auch Fleisch. /sind Fisch und Milchprodukte gute Alternativen. /schmeckt vegetarisches Essen gut. /leben Vegetarier gesünder. /essen wir zuviel Fleisch. /kann man gut ohne Fleisch leben. /muss man beides essen: Fleisch und Gemüse. /ist vegetarisches Essen langweilig.

8 Model answers are provided in *Hörabschnitt 3*, and a written version is in the transcript booklet.

9 As you gave your own opinion, there is no correct answer. If you are unsure about the phrases you used or your pronunciation, check with the model answers for Activity 8. You can find a written version of the statements you heard in the audio transcript booklet.

Lerneinheit 3   p91

I All the items of food should be ticked apart from *eine Tüte Pommes frites*, *Sauerkraut* and *ein belegtes Brot*.

2

I Fast an jeder Straßenecke kann man eine Bratwurst kaufen.

2 Im Stehcafé kann man einen Teller Nudeln essen.
Stehcafés *are popular in Germany and, as the name implies, you stand while eating a quick snack.*

3 Die Konditorei ist das beliebteste Geschäft, weil sie eine große Auswahl an Brot, Gebäck und Kuchen hat.

3

I Richtig.

2 Richtig.

3 Falsch. Leipziger Allerlei ist ein **Gemüsegericht mit Fisch**.

4 Richtig.

5 Falsch. Man bekommt Leipziger Allerlei zu **Beginn der Saison**, wenn es frisches Gemüse im Handel gibt.

4 Kurt Hensch uses *Möhren, Morcheln, Krebs, Zuckererbsen* and *Blumenkohl* to make *Leipziger Allerlei*.

5 Thursday's menu

Breakfast	Rolled oats with a pot of yoghurt; half a wholemeal roll with cheese; half a wholemeal roll with butter and jam
Elevenses	1 slice of bread with boiled ham
Lunch	Brown rice with fried mince and mixed vegetables
	1 portion of quark with banana
Afternoon tea	1 piece of fruit
Supper	2 slices of bread with cured ham and Emmental cheese

In Germany there are many different types of ham and bread, whereas in England one word is used to cover all types. In Germany you can buy *roher Schinken* (cured ham), *gekochter Schinken* (boiled ham) and *geräucherter Schinken* (smoked ham).

There is also an extremely wide range of bread available, and it is often difficult to translate the names into English. Here are some of the more common types: *Graubrot, Weißbrot, Vollkornbrot, Bauernbrot, Mehrkornbrot* and *Pumpernickel*.

6 Herr Baldes

1. Herr Baldes hat 10 kg Übergewicht.
2. Er darf pro Tag 1 000 Kalorien zu sich nehmen.

Frau Gernot

4. Frau Gernots **Mutter und ihre Tante** waren auch zuckerkrank.
5. Sie muss **keine** Tabletten nehmen.
6. Bananen und **Birnen** enthalten zuviel Zucker.
7. Frau Gernot **soll** Fisch und Geflügel essen.
8. Frau Gernot isst **fünfmal** am Tag eine kleine Mahlzeit.

7 Here is a possible version:

Frau Gernot hat Diabetes. Sie muss eine strenge Diät einhalten. Sie darf keinen Zucker und kein Fett essen. Sie muss ballaststoffreiche Kost mit viel Gemüse und Vollkornbrot essen und soll auch mageres Fleisch, Fisch und Geflügel essen. Sie muss fünfmal am Tag eine kleine Mahlzeit zu sich nehmen.

8
1. **Kannst** du bitte einen Moment herkommen?
2. Der Vesuv **kann** jederzeit wieder ausbrechen.
3. **Können** Sie das bis nächste Woche erledigen?
4. Schwangere Frauen **müssen** regelmäßig zur Kontrolluntersuchung zum Arzt gehen.
5. Wer ein Auto kauft, **muss** auch eine Versicherung abschließen.
6. Du kannst das machen, wenn du willst, aber du **musst** nicht!
7. Claudia hat gesagt, wir **sollen** sie mal in ihrer neuen Wohnung besuchen.
8. Ich weiß nicht, was **soll** das bedeuten, dass ich so traurig bin.
9. Du **sollst** nicht töten.
10. **Wollt** ihr lieber zu Hause essen oder in die Pizzeria gehen?
11. Die Sieberts **wollen** morgen gegen fünf Uhr hier vorbeikommen!
12. **Willst** du mit mir um die Welt reisen?
13. Frau Gernot und Herr Baldes **dürfen** nicht viele Süßigkeiten essen.
14. **Darf** ich mich vorstellen? Mein Name ist Baldes.
15. In einem demokratischen Staat **dürfen** die Bürger offen ihre Meinung sagen.

If sentences **8** and **9** sound familiar, this is because No. 8 is the first line of the *Loreleilied*, by Heinrich Heine, and No. 9 is one of the ten commandments.

9 These are the modal verbs which you could have used:

„… so dass auch Gäste, die eine spezielle Diät einhalten **müssen** (*they have to*) or **sollen** (*they are supposed to, someone told them to*) or **wollen** (*they want to*), dort essen **können**."

„… die keinen Zucker essen **dürfen** (*they are forbidden*) or **sollen** (*they are not supposed to*), aber dennoch auf den Café-Besuch am Sonntagnachmittag nicht verzichten **wollen** or **möchten**."

„… denn natürlich **will** or **möchte** kein Restaurantbesitzer seine Stammkunden verlieren. In zeitgemäßen Restaurants **können** jetzt auch Vegetarier …"

„... (in traditionellen Gaststätten dagegen **müssen** sie ...)"

„Und wer aus irgendeinem Grund keinen Alkohol trinken **darf** (*is not allowed to*) or **soll** (*is not supposed to*) or **will** (*does not want to*), ..."

Lerneinheit 4　　　p98

1　2 JS　3 KH　4 RB　5 JS　6 AK　7 KH
8 WR　9 AK　10 WR

2　„Ähm, ich habe jetzt wieder nach acht Monaten angefangen, Sport zu machen. Und letzte Woche war **das erste Mal**, und ich fühl' mich absolut – **ich habe wirklich Muskelkater**. Und gestern war ich auch wieder, und jetzt ist der Muskelkater einigermaßen vorbei, aber ich versuche schon, **zumindest einmal in der Woche irgendwelchen Sport** zu machen, denn **man sitzt schon sehr viel in der Bibliothek**. Und, da krieg' ich auch **manchmal** Kreuzschmerzen. Deshalb, äh, denke ich, dass es **keine schlechte Idee** ist, **hin und wieder** was zu machen. **Aber sonst**, also außer diesem „Unifitness", wie es heißt, mach' ich keinen Sport mehr."

3　You could have written any five of the following:
Ich treibe viel Sport, um fit zu bleiben./um etwas gegen meine Rückenschmerzen zu tun./um neue Kraft zu bekommen./um nicht den ganzen Tag in der Bibliothek zu sitzen./um gesund zu bleiben./um Spaß zu haben.

4　1 H　2 J　3 K　4 I　5 A　6 G　7 D　8 C
9 B　10 L　11 E　12 F

5　1　*in summer* = im Sommer
2　*on Sundays* = sonntags
3　*in the evening* = abends
4　*every third day* = alle drei Tage
5　*seldom* = selten
6　*often* = oft
7　*everyday* = jeden Tag
8　*in autumn* = im Herbst
9　*once a month* = einmal im Monat
10　*in January* = im Januar
11　*in the morning* = morgens

12　*on weekdays* = wochentags
13　*three times a day* = dreimal am Tag
14　*only at the weekends* = nur am Wochenende
15　*regularly* = regelmäßig
16　*almost never* = fast nie
17　*twice a week* = zweimal in der Woche/die Woche
18　*on Tuesday* = am Dienstag
19　*on holiday* = im Urlaub
20　*in February* = im Februar
21　*sometimes* = manchmal
22　*not very often* = nicht sehr oft
23　*in the afternoon* = nachmittags
24　*too little* = zu wenig
25　*in spring* = im Frühling
26　*in winter* = im Winter

6　The following sports from Activity 4 should be listed: *Ski fahren, Schwimmen, Wandern, Rad fahren*.

7　1　Schwimmen = **a**　　2　Rad fahren = **b**
3　Wandern = **a**　　4　Koronarsportgruppe = **c**
5　Ski fahren = **a**

8　Model answers are provided in *Hörabschnitt 7*, and a written version in the transcript booklet.

9　Sylvia Hahn: **a**　Herr Thomas: **c**　Frau Meyer: **b**

10　1　Für Sylvia Hahn empfehle ich das **Aqua-Zentrum**, weil sie ihre Kinder mitbringen kann.
2　Für Herrn Thomas empfehle ich **Friedas Fitness-Studio**, weil man dort sanfte Gymnastik machen kann.
3　Für Frau Meyer empfehle ich **Kaisers Kegelbahn**, weil sie dort neue Leute treffen kann. Sie bekommt als Seniorin auch einen Sondertarif.

11　1　Die Beraterin hat gesagt, dass ich 10 Kilo abnehmen soll.
2　Sie hat einen Bluttest gemacht, um meinen Cholesterinspiegel zu messen.

3 Ich habe sie gefragt, wie ich 10 Kilos abnehmen soll, und sie hat mir einen Ernährungsplan gegeben.

4 Ich muss regelmäßig Gemüse essen, und ich soll keinen Alkohol trinken.

5 Ich darf nicht mehr rauchen, weil mein Blutdruck sehr hoch ist.

6 Sie hat mir geraten, dreimal in der Woche 20 Minuten Gymnastik zu machen, und ich fange morgen um 7 Uhr an!

Lerneinheit 5   p104

1
1 hebt die Arme   **c** *raises his arms*
2 tritt auf den Step   **e** *steps onto the step*
3 dreht sich um   **d** *turns around*
4 schnippt mit den Fingern   **f** *snaps his fingers*
5 geht in die Knie   **a** *bends his knees*
6 wackelt mit den Hüften   **g** *waggles his hips*
7 legt eine Hand auf die Hüfte   **b** *puts a hand on his hip*

Dietmar Käntzl hebt die Arme (**1**), tritt auf den Step (**2**), geht in die Knie (**5**) und legt eine Hand auf die Hüfte (**7**).

2
1 Man muss sich bewegen, um gesund und fit zu bleiben.

2 Die Step-Fit-Klasse kostet nichts – sie ist kostenlos. Die Krankenkasse bezahlt.

3 „Die Leute wollen fit bleiben und gut aussehen. Sie wollen auch ihre Gesundheit verbessern und gegen den Speck ankämpfen."

4 Mitglieder können den Rest des Fitnesszentrums benutzen.

5 Das Ausdauer- und Konditionstraining ist effektiv aber anstrengend.

6 Das Aussehen, weil sie schon über dreißig ist, und das physische und psychische Wohlbefinden.

3
1 Man spart DM 63,–.

2 Die Anmeldegebühr beträgt DM 50,–.

3 Man kann die Fitnessgeräte bis 16 Uhr benutzen, am Wochenende an Gymnastikkursen teilnehmen und die Sauna benutzen.

4 Ehepartner bekommen eine Ermäßigung von DM 10,–.

5 Nein.

6 6 Minuten.

7 Montags, mittwochs und freitags.

4 Model answers are provided in *Hörabschnitt 8*, and a written version in the transcript booklet.

Note how Germans use *auf Wiederhören* on the telephone and *auf Wiedersehen* when they are talking to someone face to face.

5 **1c** is correct. **1a** is not appropriate here because it is a mixture of formal and informal language (*Liebe* doesn't fit with *Damen und Herren*); **1b** is extremely formal and not current usage.
2c is correct. **2a** means 'I am interesting'; **2b** means 'You are interesting'.
3b is correct. **3a** means 'You are supposed to send me'; **3c** is used for talking to people you know well.
4b is correct. **4a** means 'Do you know whether …'; **4c** is also correct but unnecessarily convoluted and a bit old-fashioned.
5a is correct. **5b** is too informal; **5c** is old-fashioned and not current usage.

6 Your letter should look something like this.

Ihr Name
Ihre Straße
Ihre Stadt

Fitness-Studio Nord
Forststraße 50
65938 Frankfurt/M

                                        Das Datum

Auskunft über Fitnesskurse

Sehr geehrte Damen und Herren,
  ich habe vor kurzem von einer Freundin von Ihrem Fitness-Studio erfahren und wäre dankbar, wenn Sie mir weitere Informationen senden könnten.

Ich interessiere mich vor allem für Gymnastikkurse am Wochenende, und ich möchte auch das Solarium benutzen. Bitte senden Sie mir Informationen über Öffnungszeiten am Wochenende und ein Anmeldeformular. Teilen Sie mir bitte auch mit, ob ich meine Kinder mitbringen kann.

Vielen Dank für Ihre Mühe.

Mit freundlichen Grüßen,

7

2 **Sonja** hat einen Kater.

3 **Sonja** war vor 4 Jahren mit Thomas befreundet.

4 **Sonja** hat auf Orhans Party einen Teller kaputt gemacht.

5 **Bettina** geht ins Blumengeschäft.

6 **Thomas** (und **Kai**) kocht (kochen) das Essen.

7 **Die Verkäuferin im Blumenladen** war gerade dabei, die Blumen zu gießen.

8 **Thomas** macht einen Salat, weil Bettina Vegetarierin ist.

9 **Kai** langweilt sich.

10 **Bettina** fällt und verletzt sich den Arm.

11 **Bettina** muss ins Krankenhaus.

12 **Sonja** ruft bei Thomas an.

13 **Thomas** war in Tübingen verheiratet.

14 **Sonja** lügt.

8

2 Du siehst blass und elend aus. = *You look pale and miserable.*

3 Ich habe Kopfschmerzen. = *I have a headache.*

4 Ich fühle mich furchtbar. = *I feel terrible.*

5 Geht es dir jetzt besser? = *Are you better now?*

6 Mach dir keine Sorgen! = *Don't worry!*

7 Au! = *Ouch!*

8 Ich habe einen Unfall gehabt. = *I had an accident.*

9 Ich bin hingefallen. = *I fell over.*

10 Ich bin in der Notaufnahme im Krankenhaus. = *I'm in Casualty at the hospital.*

11 Sie ist krank. = *She is ill.*

12 Es tut weh. = *It hurts.*

13 Sei vorsichtig. = *Be careful.*

14 Du musst dich ausruhen. = *You must rest.*

15 Gute Besserung! = *Get well soon!*

9

1 *Bettina* Sonja! Wie geht's?

Sonja Oh, **schlimm**.

2 *Sonja* Ich fühle mich furchtbar.

Bettina Du hast einen **Kater**. Das ist alles.

3 *Bettina* Ich hab' einen kleinen **Unfall** gehabt.

Sonja Einen **Unfall**?

4 *Sonja* Wo bist du denn?

Bettina An der **Notaufnahme** im **Krankenhaus**.

5 *Bettina* Ach! Es tut so **weh**!

Sonja Ruhig! Sei **vorsichtig**!

Lerneinheit 6   p111

1 Model answers are provided in *Hörabschnitt 9*, and a written version is in the transcript booklet.

2 You should have ticked everything except **5** and **8**.

3 **Dialog 1**

Frau K.   Guten Tag, Frau Löbner. Wir haben **uns** lange nicht gesehen. Wie geht es Ihnen?

Frau L.   Ich kann Ihnen sagen … Ich habe wieder so viel Arbeit.

Frau K.   Ich denke, Sie dürfen **sich** nicht so stressen und müssen **sich** mehr Zeit für sich selbst nehmen. Machen Sie denn keinen Urlaub diesen Sommer?

Frau L.   Das kann ich nicht. Ich habe im Moment jeden Tag fünf Termine. Ich muss **mich** total abhetzen, aber im Oktober werde ich **mir** zwei Wochen Zeit nehmen, um meine Freundin in Österreich zu besuchen. Martin kommt wahrscheinlich auch mit. Dann können wir **uns** beide ein bisschen ausruhen. Wie geht's denn Ihrem Mann?

Frau K.   Der ist mit einem Kollegen auf einer Konferenz in Miami Beach. Tagsüber müssen sie angeblich arbeiten und abends ruhen sie **sich** dann bei einem Bier unter Palmen von dem Stress aus.

Dialog 2

Klaus   Hallo, schön euch mal wieder zu sehen. Ihr seid ja ganz braun.

Tina   Wir waren gerade in Urlaub – in Italien.

Klaus   Habt ihr **euch** gut erholt?

Sven   Ja. Wir sind jeden Tag geschwommen, um **uns** fit zu halten.

Klaus   Und den Rest des Tages habt ihr **euch** in die Sonne gelegt.

Sven   Richtig! Ich weiß, du stresst **dich** immer total in deinen Aktivurlauben und nimmst **dir** überhaupt keine Zeit zum Faulenzen. Das ist nichts für uns. Wir müssen **uns** schon für den Job genug abhetzen.

4 Dr. Pfeiffer's advice is as follows:

1 Stress-related situations are school, the family and the workplace.

2 People feel under pressure because of time pressures, responsibility for others and too much noise.

3 After stress hormones have been released we have more energy, we are better able to concentrate and we are ready to do battle.

4 We should exercise three times a week for at least 20 minutes.

5 Jogging, cycling, swimming and gymnastics are good for combatting stress.

6 We should eat vegetables, fruit and wholefoods.

7 We should avoid cigarettes, alcohol, hectic activity and noise.

8 We should drink less tea and coffee.

9 We need at least eight hours' sleep.

10 We should look at the world more positively and in a relaxed way.

5 Here is a model summary as a guide to compare with yours:

Es gibt viele Dinge, die uns regelmäßig stressen, zum Beispiel die Schule, die Familie und der Arbeitsplatz, und viele Leute fühlen sich unter Druck. Um sich körperlich und seelisch fit zu halten, muss man vernünftig essen und sich dreimal die Woche mindestens zwanzig Minuten bewegen. Es ist auch wichtig, sich regelmäßig zu entspannen und acht Stunden pro Nacht zu schlafen, um sich vom stressigen Leben zu erholen.

6 Model answers are provided in *Hörabschnitt 10*, and a written version in the transcript booklet.

7
1 Simon K.   **B**
2 Sabine G.   **I**, **J**

3 Hans J.   **F**
4 Gerlinde B.   **M**, **P**
5 Frederick P. **K**
6 Sandra F.   **H**
7 Herbert T.   **D**

8 No feedback is given here, as you worked out your score at the end of the activity. With any luck, you are not finding your work on *Auftakt* too stressful!

Lerneinheit 7   p119

1
1 e	2 g	3 d	4 l	5 f	6 a
7 i	8 m	9 h	10 b	11 n	12 c
13 j	14 k				

2
| 1 b | 2 d | 3 h | 4 e | 5 g | 6 i |
| 7 a | 8 c | 9 f | | | |

3 You should have ticked *Kopfschmerzen* and *Fieber*.

4
1 Herr Reimer fühlt sich nicht wohl, ihm ist schlecht, und er hat Kopfschmerzen. Er hat auch 38 Grad Fieber und fühlt sich wackelig auf den Beinen.

2 Die Ärztin glaubt, dass Herr Reimer an einer Virusinfektion leidet.

3 Herr Reimer soll mindestens drei Tage im Bett bleiben, ruhig liegen, ein Medikament gegen die Schmerzen und das Fieber nehmen, viel trinken und sich schonen.

5
1 Guten Morgen! Was kann ich **für** Sie tun?
2 Ich fühle mich wackelig **auf** den Beinen.
3 Haben Sie ein Mittel **gegen** Kopfschmerzen?
4 Ich leide **an** einer Grippe.
5 Das Fieber wird **in** drei Tagen wahrscheinlich weg sein.
6 Mir ist **seit** sechs Tagen schlecht.
7 Sie sollten **in** einer Woche zurückkommen.
8 **Vor** allen Dingen sollten Sie viel Flüssigkeit trinken.

6
1 Herr Reimer, Sie haben eine Virusinfektion. Sie **sollten** im Bett bleiben.

2 Ich habe Kopfschmerzen. Vielleicht **sollte** ich heute Abend nicht weggehen.

3 Maria – du siehst müde aus! Du **solltest** früh ins Bett gehen.

4 Wir haben lange in der Bibliothek gesessen! Wir **sollten** einen Spaziergang machen.

5 Kinder! Ihr **solltet** mehr Gemüse essen!

7

1 Sie **sollten** mindestens drei Tage im Bett **bleiben**.

2 Sie **sollten** ruhig **liegen**.

3 Vor allen Dingen **sollten** Sie viel Flüssigkeit **zu sich nehmen**.

4 Sie **sollten** so oft wie möglich etwas Warmes **trinken**.

5 Sie **sollten** sich nächste Woche **schonen**.

8

1 Du solltest sofort nach Hause fahren (*or* gehen) und ins Bett gehen (*or* und dich ins Bett legen).

2 Du solltest viel Kräutertee trinken.

3 Du solltest dich in den nächsten Tagen schonen.

9

1 **Iss** nicht so viel Schokolade!

2 **Machen Sie** bitte die Tür auf.

3 **Schonen Sie sich** nächste Woche.

4 **Halt(e)** mal mein Fahrrad!

5 **Geh(e)** früher ins Bett!

6 **Nimm** eine Tablette.

7 **Trinken Sie** regelmäßig Kräutertee.

8 **Studier(e)** weiter!

10 The five correct sentences were **1**, **3**, **4**, **6** and **9**.

Lerneinheit 8　　p126

1

1 **b** *Gel* = gel

2 **f** *Salbe* (*oder Creme*) = cream, ointment

3 **a** *Tabletten* = pills

4 **c** *Saft* = syrup

5 **d** *Dragées* = sugar-coated pills

6 **e** *Tropfen* = drops

2

1 Man soll einen Arzt konsultieren.

2 Man muss den Beipackzettel lesen.

3 Nein, nur in der Apotheke.

4 Bei Sonnenbrand, Insektenstichen und Allergien. (*You might also have answered:* Bei juckenden Hauterkrankungen und Verbrennungen.)

5 Säuglingen und Kleinkindern soll man Rubin nicht geben.

6 Man kann davon müde werden. (*You might also have written:* Müdigkeit ist eine mögliche Nebenwirkung von Rubin.)

3

1 pharmacy = *Apotheke*

2 a cold = *Schnupfen*

3 allergy = *Allergie*

4 insect bite = *Insektenstich*

5 burns = *Verbrennungen*

6 itchy = *juckend* (*der Juckreiz* = *itch*)

7 dose = *Dosis*

8 to be fed up (with) = *die Nase voll haben* (*von…*)

4

2 Schmerzmittel

3 Wund- und Heilsalbe, Pflaster, Mittel zur Wunddesinfektion

4 Sonnenschutzmittel, Lippensalbe gegen Sonnenbrand

5 Kohletabletten

6 Mittel gegen Erkältungskrankheiten

5 The customer bought the following items: *Kohletabletten, elastische Binden, Mittel gegen Erkältungskrankheiten, Antiallergika, Mittel gegen Insektenstiche.*

6 You should have ticked these adjectives: *groß, teuer, elastisch, allergisch, normal, neu, stark, hoch, empfindlich, wirksam, beliebt, schwer, gut.*

7

1 Rothaarige reagieren **empfindlicher**. Babies reagieren am **empfindlichsten**.

2 Ein Wespenstich ist **schmerzhafter**. Ein Hornissenstich ist am **schmerzhaftesten**.

3 Das Spray ist **teurer**. Die Dragées sind **am teuersten**.

4 Die Kalziumtabletten „forte" sind **stärker**.
Die Kalziumtabletten „forte extra" sind am **stärksten**.

5 Diese Dosierung ist **höher**. Diese Dosierung ist **am höchsten**.

6 Kräutertees sind **besser**. Kamillentee ist am **besten**.

8 Oroform-super

Das **neue** Mittel gegen Ohrenschmerzen. Etwas **Besseres** ist nicht auf dem Markt. **Schnelle** Hilfe bei **leichten** bis mittelstarken Ohrenschmerzen. Besonders auch für **kleine** Kinder und **ältere** Menschen geeignet. Bei **stärkeren** Ohrenschmerzen konsultieren Sie bitte Ihren Arzt. Oroform-super – ein Muss in jeder Hausapotheke!

9 Model answers are provided in *Hörabschnitt 13*, and a written version in the transcript booklet.

10

1 Röntgen wurde 1845 geboren.

2 Er war in Utrecht in den Niederlanden in der Schule.

3 Er hatte die Note „sehr schlecht" in Physik.

4 Er hat in Zürich Maschinenbau studiert.

5 Er hat die Röntgenstrahlen am 8. November 1895 entdeckt.

6 Er hat zuerst die Hand seiner Frau belichtet.

7 1901 hat er den ersten Nobelpreis für Physik bekommen.

1 Waagerecht

1 HOLLAND

2 ROENTGENSTRAHLEN

3 DEUTSCHLAND

4 MAERZ

Senkrecht

5 CONRAD

6 SCHWEIZ

7 NOVEMBER

8 EHEFRAU

9 PHYSIKER

10 JAHRE

Lerneinheit 9   p135

1

1 a Duhnen ist ein Kurort am Meer.

2 b Das Sanatorium in Bad Harzburg ist zu allen Jahreszeiten geöffnet.

3 b Wenn man abnehmen möchte, kann man nach Duhnen oder nach Bad Harzburg fahren.

4 b Während einer Kur muss man sich jeden Tag medizinischen Behandlungen unterziehen.

5 a Für eine Kur bezahlt oft die Krankenkasse.

6 a Besonderen Luxus muss der Kurgast selbst bezahlen.

7 a Ein Kurort ist zum Beispiel ein Ort mit einem besonders gesunden Klima.

8 b Im Kurpark gibt es viele Konzerte für die (meist älteren) Kurgäste.

2

1 Frau Steuber konnte nicht mehr schlafen, weil sie **so gestresst war**.

2 Sie war sehr gestresst, weil sie sehr **viele Überstunden machen musste**.

3 Sie muss besonders kalorienreiche Kost essen, weil sie **Untergewicht hat**.

4 Herr Heumann konnte keine zweiwöchige Kur machen, weil die Krankenkasse **dafür nicht bezahlt**.

5 Er soll sich viel bewegen, weil er **bei der Arbeit immer nur sitzt**.

6 Frau Steuber bekommt Massagen, weil das **entspannt**.

7 Herr Heumann bekommt Massagen, weil er **Rückenbeschwerden** hat.

3   **1 e**   **2 a**   **3 b**   **4 c**   **5 d**

4

1 Nachmittags durfte ich machen, was ich wollte.

2 Morgens musste ich an den Gymnastikkursen teilnehmen. Das war anstrengend, hat aber auch Spaß gemacht.

3 Ich wollte neue Leute kennen lernen, und alle waren sehr nett.

4 Ich konnte mich von dem ganzen Stress zu Hause erholen. Ich konnte im Park spazieren gehen und ein Konzert hören.

5 This is what you could have written:

Liebe Brigitte (oder Lieber Thorsten),

wie geht's? Ich bin heute von der Kur in Bad Harzburg zurückgekommen. Ich bin sehr froh, wieder zu Hause zu sein. Die Kur war extrem langweilig. Ich durfte nichts Interessantes machen. Ich durfte natürlich keinen Alkohol trinken und nicht rauchen und konnte nach 9 Uhr abends nicht mehr ausgehen. Ich musste jeden Morgen um 7 Uhr aufstehen und sollte um 8 zur Gymnastik gehen, aber das habe ich nie gemacht! Am Wochenende wollte ich einen Freund/eine Freundin besuchen, aber das durfte ich auch nicht. Mein Asthma ist etwas besser als vorher/hat sich etwas gebessert, und ich habe 4 kg abgenommen, aber ich will nie wieder zur Kur! Ich hoffe, du hattest in den letzten Wochen mehr Spaß als ich!

Schreib mal wieder!
Alles Gute

6 BKK bedeutet Betriebskrankenkassen (*a company health insurance scheme*).

7
1 h *hocheffizientes Krankenversicherungs-system* = highly efficient health insurance system
2 d *Facharzt* = specialist
3 b *gesetzliche Krankenkasse* = public health insurance
4 c *das ist Pflicht* = it is obligatory
5 a *Kur* = spa holiday
6 e *Arbeitgeber* = employer
7 f *Arbeitnehmer* = employee
8 g *Bruttolohn* = gross income

You should have heard all the words in *Hörbericht 6* apart from *Facharzt*. Dr. Berger actually says *Krankenversicherten-System*, but this is not used very often.

8 In Germany 50% of your contributions to your health insurance are paid by the employer and 50% are paid by you.

9
1 Die Krankenkasse bezahlt
  a Krankenhausaufenthalte
  b Arztbesuche
  c Kuraufenthalte (alle drei Jahre)
2a Für eine kleine Arzneimittelpackung muss

man DM **3,**– Rezeptgebühr bezahlen. (*Note: this charge would now be much higher*)
  b Für eine größere Packung muss man DM **7,**– Rezeptgebühr bezahlen.

10 What did Dr. Berger say? You should have ticked all the statements apart from 2, 4 and 8.

11
1 Dr. Gundlach: **a**, **b**
2 Herr Winter: **b**, **c**
3 Frau Storr: **b**, **c**
4 Frau Patzwahl: **b**, **c**

12
2 Kranken + Versicherung = die Krankenversicherung
3 Diät + Beratung = die Diätberatung
4 Entspannung + Technik= die Entspannungstechnik
5 Joga + Kurse = die Joga-Kurse

Lerneinheit 10   p144

1 You should have found the following words: *Sonnenbrand, Grippe, Infektion, Allergie, Erkältung, Durchfall, Schnupfen, Fieber, Kopfschmerzen, Husten.*

S	O	N	N	E	N	B	R	A	N	D	C	K
I	A	M	K	H	L	C	M	R	G	B	O	U
L	W	G	R	I	P	P	E	M	L	P	J	S
A	G	J	L	K	S	B	L	S	F	C	N	C
L	N	A	L	C	E	F	O	S	A	P	K	H
L	U	K	A	I	G	S	C	C	K	L	O	N
E	T	A	F	P	R	H	I	R	I	P	K	U
R	L	Q	H	J	M	E	U	D	R	S	L	P
G	Ä	L	C	E	Y	W	A	S	E	R	N	F
I	K	E	R	C	S	O	G	H	T	B	S	E
E	R	Z	U	Q	E	M	A	R	Z	E	C	N
E	E	M	D	I	C	T	F	D	L	P	N	I
N	O	I	T	K	E	F	N	I	M	R	Z	T

2 No feedback is given here, as you will already have worked out your fitness score.

3
1 **Machen** Sie weiter so!
2 **Nehmen** Sie sich öfter die Zeit, einen frischen Salat zuzubereiten.
3 **Achten** Sie darauf, ausreichend zu schlafen.

4 Nehmen Sie Ihre Schwachpunkte in Angriff.

5 Stellen Sie alles ab, bis Sie im Test eine niedrige Punktezahl erreicht haben.

6 Gehen Sie auf jeden Fall zum Arzt.

7 Lassen Sie sich gründlich untersuchen.

4 Model answers are provided in *Hörabschnitt 14*, and a written version in the transcript booklet.

5 You might have written something like this:

Liebe Frau von Vlönitz,

ich bin 38 Jahre alt und schreibe Ihnen, weil ich ein Problem habe. Ich habe Untergewicht und finde, dass mich das unattraktiv macht. Ich bin 1,78m gross und wiege nur 53 (49) kg.

Mein Arzt sagt, ich soll viel Fettes essen, aber ich kann fettes Essen nicht ausstehen. Süßigkeiten esse ich sehr gerne, aber ich denke, es ist ungesund, zu viel Süßes zu essen. Ich finde es wichtig, einen gesunden Lebensstil zu haben.

Ich muss jeden Morgen um 7.30 Uhr bei der Arbeit sein. Das ist ein Problem, weil ich deshalb nie frühstücke. So früh morgens kann ich noch nichts essen. Meine Arbeit macht mir viel Spaß, obwohl ich manchmal auch sehr gestresst bin. Ich trinke viel Tee und Kaffee im Büro.

Bitte schreiben Sie mir, was ich tun kann, um ein paar Kilo zuzunehmen.

Für Ihre Hilfe wäre ich Ihnen sehr dankbar.

Mit freundlichen Grüßen,

6 You should have ticked sentences **1**, **4**, **6** and **8**.

7 1 Sie sollten eine Creme gegen Verbrennungen kaufen, weil die Sonne zu dieser Jahreszeit sehr gefährlich ist.

2 Bei einer sehr starken Verbrennung sollten Sie zum Dermatologen gehen.

3 Sie sollten beim Genuss von süßen Lebensmitteln vorsichtig sein, um Insektenstiche zu vermeiden.

4 Wenn Ihre Erkältung länger als eine Woche dauert, sollten Sie einen Arzt konsultieren.

5 Es ist wichtig, den E111-Schein nicht zu verlieren.

6 Am besten sollten Sie sich die Nummer der Notarztzentrale notieren, weil die in jeder Stadt anders ist.

8 2 Ich möchte ein billigeres Fieberthermometer.

3 Ich möchte eine wirksamere Salbe (oder Creme).

4 Ich möchte eine größere Packung.

5 Ich möchte einen stärkeren Hustensaft.

6 Ich möchte eine Creme mit höherem Sonnenschutzfaktor.

Now read your answers out loud as practice for visiting a real German pharmacy.

9 You could have ticked *Kohletabletten, Pflaster, Fieberthermometer, Aspirin, E111-Schein, Kamillentee, Nasentropfen, Ohrentropfen, Sonnenschutzmittel, Insektenlotion* – but, of course, the choice is yours!

10 This advert is for a lip salve called *Blistex Lippenbalsam*.

Lerneinheit 11   p151

1 Here are some words you could have added which contain the word *-kur-*:

Kururlaub, Kurhotel, Kurbehandlung, Kurort, Kurpark, Kurhalle, Kurveranstaltung, Kurkonzert, Kurverwaltung, Kuranlage, Kuranwendung, Fastenkur, Sauerstoffkur.

2 1 Richtig.

2 Richtig.

3 Falsch. Frau Schmidt fand die Kur sehr anstrengend.

4 Falsch. Frau Schmidt musste pro Tag neun Mark bezahlen.

5 Richtig.

6 Richtig.

7 Falsch. Frau Schmidt macht im April noch eine Kur im Schwarzwald.

8 Falsch. Frau Schmidt macht die Kur in Wildbad auf ihre eigenen Kosten.

3 1 Ältere Frauen leiden besonders an Osteoporose.

2 Die Kur in Bad Elster war so anstrengend, weil man ein bis zwei Behandlungen pro Tag bekam.

3 Am Ende der Kur hat ihr viel mehr weh getan als vorher!

4 Frau Schmidt macht dieses Jahr noch eine Kur, weil sie sehr oft Rückenschmerzen hat.

4 This is the kind of letter you might have written:

Sehr geehrte Damen und Herren,

ich habe vor kurzem Ihre Anzeige in der „Welt" gelesen und wäre dankbar, wenn Sie mir eine Broschüre über das Sanatorium und Bad Wurzach senden könnten. Ich interessiere mich besonders für die Osteoporose-Therapie. Ich werde für die Kur selbst bezahlen und hätte gerne eine Preisliste und, wenn möglich, ein Anmeldeformular für die Moortherapie. Teilen Sie mir bitte auch mit, ob es eine Ermäßigung für Ehegatten gibt.

Mit freundlichen Grüßen,

5 **1e** die Rückenschmerzen, **2d** der Tiertransport, **3h** der Rinderwahnsinn, **4b** der Energiebedarf, **5k** die Kinderbetreuung, **6a** das Gewichtheben, **7c** die Fitnessgeräte, **8g** die Krankenkasse, **9j** die Milchprodukte, **10i** das Reformhaus, **11f** die Kurgäste

6 This is what Manuela Voigt might have said:

„Ich glaube, ich lebe gesund! Ich esse viel Obst, Gemüse und Getreideprodukte wie zum Beispiel Müsli. Ich bin Vegetarierin und versuche, viel Käse zu essen, um genug Eiweiß zu bekommen. Meiner Meinung nach, ist Fleisch sehr ungesund, weil es voller Hormone ist. Mein Arzt sagt, ich soll mehr Milchprodukte essen, aber ich mag zum Beispiel kein Jogurt. Ich gehe regelmäßig ins Reformhaus, weil die Qualität der Produkte dort besser ist als im Supermarkt. Ich bin auch Mitglied des Fitnesszentrums und besuche die Step-Fit-Klasse. Ich benutze die verschiedenen Geräte, um etwas gegen den Speck zu machen!"

7 **1 b 2 d 3 a 4 e 5 c**

8

Sie möchten	geeignete Sportarten
Ausdauer entwickeln/ Kondition stärken	Gehen (schnell), Seilspringen, Rad fahren (lang, schnell und regelmäßig), Joggen
Spaß haben	Kegeln (*plus any others you think are fun!*)
Kreislauf stärken	Schwimmen
Fett abbauen	Schwimmen, Seilspringen, Rad fahren, Joggen
Muskeln stärken	Gewichtheben

9 Model answers are provided in *Hörabschnitt 17*, and a written version in the transcript booklet.

10 „Vormittags **mussten** wir in die Schule gehen und nachmittags zum Training. Wir haben trainiert, bis uns alles so weh getan hat, dass wir uns kaum noch bewegen **konnten**. Abends in die Disko oder ins Kino gehen wie alle anderen Jugendlichen – das **durften** wir nicht. Das hatte der Trainer streng verboten. Wenn wir irgendetwas machen **wollten**, **mussten** wir immer zuerst den Trainer fragen. Nur in den großen Ferien im Sommer **konnten** wir uns ein bisschen ausruhen und Spaß haben, aber auch dann **mussten** wir aufpassen, dass wir fit blieben. Neulich habe ich mit einer Schulfreundin gesprochen, und sie hat gesagt: ‚Erinnerst du dich an den Bio-Lehrer, den wir in der sechsten Klasse hatten – der immer so lustig war? Bei dem **durften** wir immer laut sein und **mussten** nie Hausaufgaben machen.' Und ich habe gesagt: ‚Ich erinnere mich nicht. Ich denke nicht gern an meine Kindheit zurück.'"

„Die Mädchen haben sehr hart trainiert, aber es war nicht so, dass sie **sich** nicht auch mal ausruhen konnten. Wir hatten beim Training immer auch viel Spaß, und manchmal haben wir **uns** ins Café gesetzt und **uns** unterhalten. Ich habe **mir** auch immer die Zeit genommen, über Probleme zu diskutieren, wenn es welche gab. Verboten habe ich den Mädchen nichts. Aber ich habe immer gesagt: ‚Ihr dürft **euch** nicht hängen lassen, ihr müsst **euch** anstrengen, und ihr müsst **euch** immer fit halten, auch in den Sommerferien'. Und die wollten ja trainieren, die wollten **sich** ja gar nicht in die Sonne legen und faulenzen. Die wussten ja auch: Wenn ich **mich** nicht anstrenge, dann ist es vorbei mit dem Traum von der Prinzessin auf dem Eis, von der Medaille. Und wenn ich **mich** jetzt erinnere an meine Zeit als Trainer, dann denke ich: Das war doch eine schöne Zeit."

Cover illustration by Volker Sträter. Illustrations by David Hancock and Jane Smith.

The authors and publishers would like to thank the following people for their permission to use copyright material:

p20: Familie Grimm and Amt für Wasserwirtschaft und Bodenschutz, Ravensburg; p21: 'Leichenschmausmenü', Waldhorn Ravensburg; p22: Familie Grimm; p24: 'Interview der Woche: Willy Brandt' from *Münchner Abendzeitung* 10/92; p25: 'Das Eisenbahngleichnis' by Erich Kästner from *Gesammelte Schriften für Erwachsene*, Atrium-Verlag Zürich 1969 © Erich Kästner Erben, München; p32: 'Narrensprung-Besucher sogar aus Neuguinea …' from *Schwäbische Zeitung* 4/3/92; p33: 'Am Aschermittwoch ist alles vorbei' from *Schwäbische Zeitung* 17/2/94 © Deutsche Presse Agentur; p36: 'Württemberger Rebsorten' from *Der Württemberger: Preisliste*, Württembergische Weingärtner-Zentralgenossenschaft e.G.; p39: Weingut Karl Blees wine label by permission of Ruth Blees Luxemburg; p41: 'Einladung zum Rutenfest' from *Rutenfest im Altschützenjahr*, Rutenfestkommission e.V., Ravensburg; p49: 'Die Brummys kommen nach Leipzig' from *Leipziger Volkszeitung* 5/5/94; p51: 'Einmal nach Birmingham hin und zurück' from *Leipziger Amtsblatt* 2/5/94; p57: 'Alkoholverbrauch' and 'Alkoholismus' from *Aktuell 95: Das Lexikon der Gegenwart*; p58: 'Promillegrenzen in Europa', Nr. 3309 and 'Finger weg vom Alkohol' from Globus Kartendienst; p61: 'Zimtsterne' from *Für Weihnachten backen* by B. Schlegel © Gräfe und Unzer Verlag; p65: 'So feiern die Deutschen am liebsten Weihnachten' from *Berliner Morgenpost* 23/12/91; p70: 'Weihnachtsgeschäft' from Focus 22/12/95; p77: 'Get Strassewise' by David Marsh from *Marketing Week* 19/1/90; p83: Reformhaus symbol, Reformhaus Marketing; p85: *Buddenbrooks* by Thomas Mann, S. Fischer Verlag GmbH; p87: 'Kein Profit mit Fleisch' by Klaus-Peter Klingelschmitt from *taz* 15.2.95; p112: 'Nichtstun macht stark' from *Journal für die Frau* 13/94; p116: 'Der Stress-Test' from *Junge Zeit* 5/93; p124: DAK logo from Deutsche Angestellten Krankenkasse, AOK logo from AOK-Bundesverband; p125: 'fünfter sein' from *Der künstliche Baum* by Ernst Jandl, Luchterhand Literatur Verlag GmbH; p129: 'Checkliste für die Reiseapotheke' from *Taschenkalender*, W. Girardet Verlag und Werbemittel; p135: by permission of Kur-Strandhotel, Duhnen and Sanatorium am Stadtpark, Bad Harzburg; pp146–7: 'Wie gut wird Ihr Körper mit Krankheiten fertig?' from *Das neue Blatt* 2/11/94.

The authors and publishers would like to thank the following people for permission to reproduce their photographs:

p25: Ullstein Bilderdienst; p28: Faschingstreiben in Allersberg and p30: Horst Schäfer/SOA; p28: Franzlkleidle und Gschellnarr beim Rottweiler Narrensprung, Verlag Schöning & Co. & Gebr. Schmidt; p31: Rottweiler Narrensprung, Städtisches Verkehrsbüro, Rottweil; p45: Verkehrsamt, Stadt Ravensburg; p61: Teubner; p133: Röntgen © INTERFOTO/SOA. All other photos are stills from the *Auftakt* video.

Every effort has been made to trace and acknowledge ownership of copyright. The publishers will be glad to make suitable arrangements with copyright holders whom it has not been possible to contact.